只要你能充分认识并发挥自己的个人优势，相信你一定可以成为一个人人喜欢的魅力人士，那你就会广阔的人生舞台上如鱼得水，游刃有余。

给别人喜欢你的理由

周成功 / 著

中国华侨出版社

图书在版编目（CIP）数据

给别人喜欢你的理由/周成功著.—北京：中国华侨出版社，2012.3
ISBN 978－7－5113－2187－9

Ⅰ.①给… Ⅱ.①周… Ⅲ.①心理交往－通俗读物 ②个人－修养－通俗读物
Ⅳ.①C912.1－49 ②B825－49

中国版本图书馆 CIP 数据核字（2012）第 017993 号

● 给别人喜欢你的理由

著　　者	/周成功
责任编辑	/李　晨
经　　销	/新华书店
开　　本	/710×1000 毫米　1/16　印张 15　字数 200 千字
印　　数	/5001-10000
印　　刷	/北京一鑫印务有限责任公司
版　　次	/2013 年 5 月第 2 版　2018 年 3 月第 2 次印刷
书　　号	/ISBN 978－7－5113－2187－9
定　　价	/29.80 元

中国华侨出版社　北京市朝阳区静安里 26 号通成达大厦 3 层　邮编 100028
法律顾问：陈鹰律师事务所
编辑部：（010）64443056　64443979
发行部：（010）64443051　传真：64439708
网　　址：www.oveaschin.com
e-mail：oveaschin@sina.com

引子

喜欢是一种层次，谁都想让别人喜欢，那么怎样才能让别人喜欢你呢？

让别人喜欢你不是一件容易的事。每个人都想博得大家的喜爱，让大家记住。有人说，男人要有魅力，女人要有才气，才能站得住、吃得香。

其实，想要让别人喜欢你，不光是外表、才气，你的一言一行、一举一动、气质、德行，都会成为是否被别人喜欢的筹码。

男人要结交真诚的朋友，使别人对你感兴趣，长得帅美固然好，不帅不美也要保持微笑。男人要有事业，懂得积极上进，要会照顾人……根据调查，现今社会上最受欢迎的男性是：

1. 才智过人：因为才智过人，他们对生活或事业有带头作用，他们的思维、分析问题的角度，都和常人大不相同。

2. 健康快乐：快乐的男性能给人带来快乐，和健康快乐的男性在一起，能够释放压力，感到快乐。

3. 兴趣广泛：这样容易跟别人有共同语言，容易了解别人，然后彼此促进、互助。

4. 感情单纯：单纯的男人不猜疑，保持原始天然的本能，和他们在一起不必斤斤计较功名利禄。

5. 乐于倾听：他们了解你的烦恼，倾听你的不快，为你打开一扇窗，让你看到阳光。

6. 淡泊名利：这种男人沉着、稳重，不会在职场、商场争得头破血流，和他们相处，可以感受到生活的伟大，提升心灵。

7. 直言不讳：你不必怀疑他们，他们坦诚，不隐瞒、不晦涩。

8. 心地宽厚：他们豁达，对人包容，有一种理解的心理，深受人们的欢迎与喜爱。

9. 细腻体贴：懂得照顾人，对人体贴关怀，让人在平淡中见惊奇，在受伤中振作起来。

10. 敢作敢为：敢作敢为才是男子汉本色的体现，这样的人值得信任，与他们交往时很放心。

身为女人要多才多艺，懂得养生，体贴男性，不为蝇头小利斤斤计较，不为钱财见异思迁……根据调查，现今社会最受欢迎的女性是：

1. 善良：善良的女人，人见人爱。都说红颜祸水、最毒妇人心，一个女人如果整天机关算尽、钩心斗角，到最后只会是孤单的个体。

2. 温柔贤惠：温柔、贤惠是中国女性特有的品格，没有人不喜欢。

3. 知书达理：女人的气质与教养是内心丰富的流露，容易与人拉近距离。

4. 有思想有品位：不散布流言飞语、有自己独特风格的女人，让人想靠近，与其建立稳固关系。

5. 懂事：有尊严、自立自强的女人，自然懂事。

6. 充分信任相对自由：不需为她顾虑太多，不必在她身上花太多心思。

7. 有稳定收入：能够独立，不依赖他人，具有生活能力。

8. 没有过多的物质欲望：人为财死鸟为食亡，贪财的女性最好远离，她会为了钱而不择手段，和这样的人在一起迟早会被卷入深渊。

9. 拒绝灯红酒绿、不对异性过分热情：这样的女人让人放心，且忠诚。

10. 天真有童趣：可爱得像天使，无论什么人都想呵护她的纯真，让她保留这份原始的天真。

11. 喜欢读书和音乐：有才华的女人，和她在一起，生活美滋百味。

12. 工作能力强、有一技之长：她往往是女强人，除了传统温柔、贤慧的女性，她是女人中惹人爱的又一人。

13. 身体健康、懂得养生之道和基本医学常识：这种女性是尤物，容颜不老，魅力不减！

14. 浪漫有情趣：只有男人懂浪漫，固然好，要是双方都懂浪漫有情趣，浪漫加浪漫，何止是浪漫。

男人和女人要做到上面所有很难，但只要能做到几点就可以了。要让别人喜欢你，首先要有足够的理由让别人真正地喜欢，而不是今天觉得你是宝，明天是草。

通常，除了要具备基本吸引人的条件外，还有一些不得不注意的事：

1. 让别人喜欢你，你得先喜欢自己，就算不是自恋，也不要经常说"不"。

2. 长相不好看要有才华，没有才华要有气质，没有气质要有德行，如果连德行都没有，那就很难让人喜欢了。

3. 与人握手，要多握一会儿。

4. 不要以自我为中心，凡事多为别人考虑一下。

5. 借钱是大忌，向人借钱得有确切的理由，否则一借不还，不止伤和气，从此别人可能不再信任你。真诚是关键。

6. 表面笑背里刀的人不是好人，人们不喜欢在背后说别人坏话的人。

7. 别人谈话时，要倾听，保持微笑。

8. 不炫耀自己的家产和工作上得意的事情，不去打探别人的隐私。

9. 别人生病时去看望，一束花或礼物已足够，切不可花费太多，就算你为了他不惜代价，别人可能以为你做事太冲动，和你在一起不可靠。

10. 不要唠叨，当心让人生烦。

11. 不要讨厌你不喜欢的人，要尊重他。

12. 有理想和抱负，无论男人女人都不能一辈子活得没趣。

13. 错了就要道歉。

14. 别人成功时，多给掌声和喝彩。

15. 懂得感恩，知恩图报。

16. 不揭人底，不散布谣言，不诋毁人。

17. 对别人好，尽量感动他。

18. 守信用，不可言而无信。

19. 微笑很重要，不要板着脸，给人亲切的第一印象！

20. 不能太计较个人得失，要有大度的胸怀。

21. 性格温和，不过于火暴。

22. 多关心他人，让他人感到你的存在。

23. 记住别人的名字与成就。

24. 主动雪中送炭。

25. 时常带给人富有创意的惊喜。

26. 不能只看外表，要看到别人的内在。

27. 多鼓舞别人，让别人超过你，比你突出。

当然，让别人喜欢你，不只以上这些，只要你能充分认识并发挥自己的个人优势，相信你一定可以成为一个人人喜欢的魅力人士，那你就会广阔的人生舞台上如鱼得水，游刃有余。

目录

第一章 让别人喜欢你，从别人那里出发

每个人都希望被别人喜欢，都想让别人注意到。叱咤风云的英雄、风华绝代的美人、思维睿智的哲人，都会给世人留下深刻的印象。你呢？靠什么吸引人？让别人喜欢你不是一件容易的事。每个人都想博得大家的喜爱，让大家记住。有人说，男人要有魅力，女人要有才气，才能站得住、吃得香。其实，想要让别人喜欢你，除了外表、才气出众外，你得体的言行举止、典雅的气质、高尚的德行，都会成为别人喜欢你的原因。

你和别人的差别在哪里 / 2
你拿什么吸引人 / 4
你如何出人头地 / 6
名气与才气，孰轻孰重 / 9
见利不忘本 / 12
不打搅别人工作 / 14
了解别人的口味 / 16

多带给别人惊喜／18
满足别人的新鲜感／21
多为别人着想／23
在背后说别人的好话／24

第二章　让别人喜欢你，从自己着手

　　让别人喜欢你，首先从自身出发，如果你够优秀，气质美如兰、才华馥比仙，再加上勤奋、诚恳、不自私、乐于助人……纵使太阳月亮皆老，群山草木都烬，别人对你的喜欢仍会像滔滔黄河奔腾不息，万代北斗永不衰减。

勇于面对自己／28
把悲伤留给自己／30
不怕别人笑话／32
勇于面对自己的过失／35
想出众就要与众不同／36
不留退路，背水一战／38
接受事实，积极向上／41
克服艰难，不怨天无人／43
汲取失败的教训／45
不要让人看到你流泪／47
改变环境不如改变自己／50

第三章　让别人喜欢你，喜欢你没道理

　　月有阴晴圆缺，人有真善丑美。人和人相处，要是你认

为对方是好人，对方不会和你作对；要是你觉得对方和你敌对，你会对对方产生警戒，加深你们的鸿沟。感觉周围都是好人，你同样也是对方心中的好人并获得大家无条件的喜欢。

记住最重要的事 / 54
为对方着想 / 57
以宽容之心待人 / 59
记住他人的好 / 61
不在失意者面前得意 / 63
拥有一颗感恩的心 / 65
持之以恒地学习 / 68
与他人分享快乐 / 70
注意仪容仪表 / 72

第四章　让别人喜欢你，还是有理由的

如果说，"喜欢一个人是没有理由的"那是骗人的，当你喜欢一个人的时候一定是这个人有一点吸引了你，喜欢一个人都是一个由点到面的过程，因为人是一种很复杂的动物，当你喜欢一个人的时候你敢你说你真正了解了这个人了吗，不会的，如果谁这么说，他就是在自欺欺人，或者说他没经历过。

稳重与懂事 / 76
重"貌"更要重"才" / 78

用爱温暖人间／80
至少要会照顾自己／83
孝敬父母是本分／85
不要耍小聪明／88
广泛的兴趣与爱好／91
常怀同情心／93
真诚待人／95
正确对待"面子"／98
施比受更快乐／101
尽量做个完美的人／104
善于分享与合作／106

第五章　让别人喜欢你，以后还得明白

你为博得所有人喜欢发愁吗？想想，人们都想让人喜欢，都想集万千宠爱于一身，却往往不如预想。要是过于苛求，就不会快乐。有些人讨厌你，你不要为此郁郁寡欢，把你优秀的一面展现给他们看，他们会逐渐转变对你的印象，慢慢会喜欢上你。

金钱、事业、爱情／110
你无法取悦所有人／111
改变别人的审美观／113
顺其自然／115
知足者常乐／117
当你孤单落寞时／120

成功的快捷方式 / 122
把最美的瞬间留住 / 124
太阳每天都会升起 / 126

第六章　让别人喜欢你，要懂得低调一点

每个人都希望拥有殊荣。有些人当被竞争者超越时，就变得意志消沉、精神委靡，做事毫无生气。要知道，"山外有山，人外有人"，你在没有更优秀者协助的情况下，必须效仿更优秀者，否则跟不上时代而被淘汰。

山外有山，人外有人 / 130
争强好胜易坏事 / 132
不要贬低别人来抬高自己 / 134
把平凡的事做一千遍 / 136
每天进步一点点 / 138
在职场上要服从命令 / 140
欺负弱小非强者 / 143
凡事量力而行 / 144
固守原本的志向 / 147
导演自己的人生 / 149

第七章　让别人喜欢你，就要守德守道

许多人喜欢夸大其词，却不付诸行动，结果成事不足败事有余。要是我们能把想法付诸行动，结果就会大不同。人

与人之间，不守信的人无法让人信赖。要赢得别人的喜爱，就要力求在任何情况下都要守信，以免别人今天相信了你，明天就认为你不再可靠。

背叛是不道德的行为 / 152
不要贪得无厌 / 154
近朱者赤，近墨者黑 / 156
守信赢得信赖 / 158
说到不如做到 / 160
不强迫他人做不喜欢的事 / 162
没有不劳而获的财富 / 165
不奢侈浪费 / 167
养成高尚的品德 / 169

第八章　让别人喜欢你，活出真我风采

命运向来是公正的，不要感叹时运多舛。在这方面失去了，就会在那方面得到补偿。当你遗憾失去时，可能有另一种意想不到的收获。不要相信命中注定，好事可能变成坏事，坏事也可能变成好事。只要你热爱生命，活出自我，你的人生将会多姿多彩。

关键时刻靠自己 / 174
勇于接受命运的挑战 / 176
明白自己的价值 / 179
做自己最喜欢做的事情 / 181

活出自己的风采 / 184
坦然面对自己的缺陷 / 187
不要错过重要的事情 / 189
不要在意别人的目光 / 192
不听话不一定是错 / 195

第九章　让别人喜欢你，化戾气为祥和

人们常说："没有永远的朋友，也没有永远的敌人。"的确如此，朋友和敌人可以相互转化。原谅你的敌人，他可能成为你的朋友、成为你今生最重要的人。

忘掉过去的不快 / 200
耐心可以化解冲突 / 202
倾听别人的牢骚 / 205
原谅你的敌人 / 207
不要总是责怪他人 / 210
以平和化解怒气 / 212
竞争是一种趋势 / 214
让他人接受你的请求 / 217
乖乖仔与女强人的PK / 219
他人满意是给你最好的回馈 / 221
防人之心不可无 / 223

第一章

让别人喜欢你,从别人那里出发

每个人都希望被别人喜欢,都想让别人注意到。叱咤风云的英雄、风华绝代的美人、思维睿智的哲人,都会给世人留下深刻的印象。你呢?靠什么吸引人?让别人喜欢你不是一件容易的事。每个人都想博得大家的喜爱,让大家记住。有人说,男人要有魅力,女人要有才气,才能站得住、吃得香。其实,想要让别人喜欢你,除了外表、才气出众外,你得体的言行举止、典雅的气质、高尚的德行,都会成为别人喜欢你的原因。

你和别人的差别在哪里

【话题切入】

你知道别人为什么比你突出吗？因为你和别人有差别。差之毫厘，失之千里。你不经意的一点点、一次的疏忽都可能拉大你和别人之间的差距。你想超越别人吗？如果你不去改变你和他之间的差别，就很难超越。人贵有自知之明，追求卓越的人会更卓越。要是你忌妒别人比你优秀，那么你就会被忌妒所笼罩，很难走出；要是你能放下忌妒的包袱，改变自我，你会更出色。然而，因忌妒给对方造成伤害的事件层出不穷，忌妒别人比你优秀而不改进，会惹人厌，懂得欣赏并学习对方的优点才可能受到欢迎。

【成功案例】

惠茜和曼妮是同班同学，曼妮青春、美丽、时尚，有情趣，惠茜很忌妒曼妮，她不明白为什么老天如此不公平，把所有优点都给了曼妮，而她只是一只丑小鸭！惠茜表面上和曼妮像姐妹般亲密，暗地里却很讨厌曼妮，说曼妮的坏话。

曼妮有一个很爱她的男友，惠茜追求男生却一直没有成功。这让惠茜更不高兴，她想，是曼妮抢走她的一切，要是没有曼妮她就能拥有幸福。一次，在曼妮下自习回宿舍的途中，被人打成重伤，送进医院好几日都没有苏醒过来。惠茜暗自庆幸，这下她终于是班花了，然而，全班的男生都去看曼妮，连惠茜想约去公园游玩的人也拒绝了她。惠茜很疑惑，找到一个男同学问，为什么他们那么讨厌她。男同学说，没有人喜欢

第一章　让别人喜欢你，从别人那里出发

没有修养的女生，她具有各种缺点，自私、忌妒，没有男生想和她交往？

惠茜很生气，几日连饭也不吃，妈妈看到了，问她发生了什么事，惠茜禁不住委屈地向妈妈哭诉她的苦楚。妈妈听了说，并不是因为她不够优秀，她和曼妮有很大的差别，首先她应该除去忌妒的心态，不能自私，以热忱待人，像曼妮用真心来和同学相处，即使她不如曼妮漂亮，也可以力求最好，漂亮是可以装扮的，明星不也和凡人一样？就算你很美，如果心灵龌龊，注定还是毒妇，男生不会喜欢你。惠茜听了终于明白，她谢过妈妈，连忙买了花和礼品去探望曼妮，向曼妮赔罪。

曼妮笑了，她早已原谅惠茜，只要惠茜知错能改并力争上进。惠茜终于明白为什么曼妮那么受欢迎，她的胸怀、气度都是自己无法比的。惠茜发誓要学习曼妮，不再做一个受人厌弃的人。

许多日子下来，惠茜果真渐渐地感觉自己变好了，像窈窕淑女，温柔又爱笑，与先前相比，简直是另一个人。这不，惠茜的爱情来了，许多男生想做她的男友，许多同学想和她交往，许多人对她刮目相看。

【专家剖析】

惠茜不再忌妒曼妮，力求改变自我，成了受喜爱欢迎的人，赢来了爱情。可见，人的差别不是先天的而是后天养成的。你想要超越对方，就要弥补自己的不足。忌妒是最坏的东西，会蚕食你的心灵，断送你的美好前程。当你看淡了这些，和对方赛跑，不再讨厌他，你就会力争上进，让别人对你油然生敬。

【温馨提示】

1. 把别人和自己比较，找出差别，优劣从比较中显现。如果他胜于你，你要学习他，争取和他平起平坐，甚至超过他。

2. 慢慢来，别着急，努力加油。千万不能由忌妒生恨，忌妒是一

种坏东西，我们是好人，不理那坏东西。

3. 每个人都有差别，如果你比别人优秀，也不要沾沾自喜，你有你的生活模式，不必苛求。

4. 差别并不是不允许的，天平有时也会偏向一边，只要做好自己，对得起自己，比什么都重要。

5. 人有善恶之分，月有阴晴圆缺，要学别人好的一面，世上有些坏人我们要提防，如果试图去模仿他们，到最后受伤的还是自己。

6. 让别人喜欢你，不一定非得要和别人比较，不要刻意把别人的东西占为己用，你仍是一个受人欢迎的人。

你拿什么吸引人

【话题切入】

每个人都希望被别人喜欢，都想让别人注意到。叱咤风云的英雄、风华绝代的美人、思维睿智的哲人……都会牢记在人们的心中久久不忘。你呢？靠什么吸引人？

【成功案例】

王猛原本是普通上班族，没有什么特别吸引人的地方，因此很少引起别人的注意。后来，他离开公司到一所学校教书，由于他太平常太普通，导致人们常忘记他，好像他不存在一样。王猛并不觉得有什么，结婚后，他的妻子认为这样下去不是办法。于是，妻子开始建议他平时要保持干净，谈吐要优雅，要热忱助人……王猛一一答应着。刚开始他并没有意识到被别人忽略的坏处，直到一个寒冷的冬天，他被锁在办公室

第一章　让别人喜欢你，从别人那里出发

里，又忘了带手机，只能在办公室里熬了一夜，又冷又饿，想想这时他应该在家里，妻子会给他端上一碗小米粥，他正陪着孩子开心地看电视。王猛以为妻子会来找他，结果并没有。

第二天，王猛一早回到家里，对着妻子翻白眼，妻子笑着问他一身邋遢昨晚跑去哪儿受苦受累了。王猛憋不住满肚子气，把妻子训斥了一顿。妻子耐心听完王猛的发泄后说，其实她刚才听人说了，知道王猛昨晚被关在办公室，校长到学校打开办公室门发现王猛蜷缩在角落，很是尴尬。妻子笑着问丈夫是不是契诃夫笔下《套中人》的别里科夫，把自己包在壳里，给自己做一个套子，以为自己可以与世隔绝，不受外界的影响。王猛虽然生气却也没有办法，谁叫他普通到让人忽视？

后来，王猛去城里朋友家住了一段时期。那里是时尚、先进、名人雅士聚集之地，王猛初到时很不习惯，朋友也极力劝他要打扮绅士起来，不要像闹灾荒一样，不然谁会喜欢他？加上他身上又没有特别吸引人的地方，别人更容易忽视他。王猛听后认同了朋友的说法，于是试图尝试改变自己。

之后，王猛打扮干净，衣冠楚楚到学校，同事都觉得奇怪，议论纷纷，让他一时成了焦点。加上妻子的叮嘱，他要教书育人，要努力做一个好老师。王猛彻底改变了，从外在到内涵，让大家对他刮目相看。王猛很喜欢这种感觉，他知道自己不能再守旧，得适合潮流，要融入社会就得吸引人，而他的外在、气质都是取胜的法宝。

王猛想到做到，慢慢地，很多学生都开始喜欢他。王猛退休后写了一本书，是关于怎样让别人喜欢的书，还很畅销呢！

【专家剖析】

王猛是一位老师，他不因循守旧，不再邋遢至极，开始尝试新鲜的东西，于是他从开始的"别里科夫"变成后来的畅销书作家。如果王

猛无法让人注意到，他可能一再被学生、同事忽视，成为无价值的人。所以，要让别人喜欢你，你应该有值得别人关注的地方。不要把自己关进围城，应该适合群众的喜好，你的才华、气质都是取胜的法宝。找到你吸引人之处，并加以传扬，你就会赢得别人的喜爱与亲近，进而会更具有责任感，也会更进步。

【温馨提示】

1. 如果你太普通就学习优秀者的谈吐、作为、德行，有时你无意的一个举动都会让人无限遐想，回味无穷。

2. 女人要温柔、宽容、善于思考、有神秘感，男人要能担当、爱运动、幽默。

3. 每个人都有吸引人的地方，你在某方面出色，无论从事哪个行业都会受到人们的喜爱与推崇。

4. 不能为了吸引别人而矫揉造作。人要真实，向喜欢你的人展示你真实美好的一面，把最美好的留在他心中。人也不可过于希望吸引别人，无论何时，只要保持天然纯洁的本性，一定会有人喜欢你，被你所吸引。

5. 如果你实在找不出有什么吸引人的地方，而确实有人被你吸引，你就向他请教，你有什么地方吸引了他，然后在他的建议下力求改进，做一个更完美的自我。

你如何出人头地

【话题切入】

小时候，我们听说鲤鱼跃过龙门就可以变成无忧无虑的龙，于是很憧憬，长大后却觉得荒唐可笑。在激烈竞争的今天，你起得比鸡早、做

第一章 让别人喜欢你，从别人那里出发

得比牛多、吃得比狗差，你是否依旧重温小时候"鲤鱼跃龙门"的梦想，想扶摇直上，站在巅峰，出人头地？

然而，要出人头地的确很难，要不世界上六十多亿人为什么出色的只有几个？不过，你也可以出人头地，只要你拼搏进取，功夫不负苦心人。等你付出得足够多的那天，你就不再平凡了！

【成功案例】

杜涛以为他一年内一定能拥有3万元的资产，但两年过去了，每个月领的薪水，交房租、水费，所剩已寥寥无几。杜涛经常陷入生活的困顿中，他没有想到赚钱这么难。

杜涛有一技之长，他擅长工程绘图，然而，这个行业不好混，杜涛觉得他的生活没有希望，一日一年，每一时刻都为生计奔波，就算绞尽脑汁，累到爬不起来，还是无法达到他所拟定的生活。

于是，杜涛开始转行，他听说做书有收入，便和出版商合作，几次都亏本，且人心难测！杜涛感叹命运的不公，想当初，对父母如何许诺，说没赚到钱誓不回家，现在他想家了却在困顿中。

也许，困顿才会有干劲，困顿中才能看到希望，一次又一次的打击，一次又一次的转行，七八年的社会经验让杜涛学会了很多，他现在近30岁，是一家销售公司的部门经理，一路的辛酸让杜涛泰然而笑，他知道，成功的过程固然艰难，只有熬下去才能看到曙光。

杜涛下个月就要结婚了，她和未婚妻的感情很好，他知道，未婚妻不是喜欢他的钱财，而是喜欢他的干劲，喜欢他拼搏的毅力。爸妈也对他由衷的欢喜，儿子终于有出息了，逢人就连连称赞。

杜涛说，他还有一段路要走，他现在只是在成功的开端，未来的路还很漫长，但只要他持续拼搏，终有一天会真正风光的出头！

【专家剖析】

杜涛从开始的生活艰难到后来当上销售公司的部门经理,其中的转变不是一蹴而就,而是他在困顿中拼搏、进取才得到老天的厚爱,慢慢有出头的一天。同样地,你想出人头地不经拼搏、克服艰难险阻是不可能的。

很多人在外漂泊、闯荡,很想出人头地,可是风光的日子实在太遥远,他能从芸芸众生中脱颖而出吗?不!成功是一步步的累积,没有谁可以随随便便成功。只要你经得起痛苦和磨砺,滴水穿石,终会成功,因为"不经一番寒彻骨,哪得梅花扑鼻香"?

【温馨提示】

1. 急功近利不足成大事,做人要有远景目标,一步一个脚印,就算命运有意捉弄也只是过程艰辛,要记住结果永远是最甜美的。许多人无法走到最后,因为他们半途而废,能熬过去你才会笑到最后。

2. 永远不停地学习,除了自己的专业外,还要学习相关的技术与知识诀窍,人并不是一辈子只在一个领域过活,为了以防万一,多一条门槛多一条出路,你应该在还年轻时,学着多走一条路,说不定歪打正着,会遇上最适合你的路呢!

3. 找工作要挑好老板,一个重视你的老板,一个不把你当做员工而是当朋友的老板,虽然这对年轻人的要求有点过高,可是努力吧!谁也不能一口吃成大胖子,要是你偶遇这样的时机,要抓住,他会让你的人生更多彩多姿。

4. 知道自己想过什么样的生活,创造属于自己的环境。如果你内向害羞、淡泊名利,就选择安静的角落;如果你处世洒脱、热心助人,社交场合应是你经常必去之地。

5. 付出不一定要有回报，但不付出一定不会有回报。虽然有时候一分耕耘，一分收获，但总有特殊情况，要是你的努力暂时不与你的收获成正比，那也是很正常，不必计较太多，就走自己的路，时间是最好的证明，坚持就是胜利。

6. 你想出人头地总有一些原因，例如，你的女友因为你没有事业弃你而去，或身为女性的你不甘平凡，自古也有女中豪杰啊！有这份想法加上拼搏的干劲，老天不会辜负有心人的，吃得苦中苦，方为人上人，你目前还没有成功，是因为吃的苦还不够，日子久了，由于你的坚韧不拔、泰然面对苦难，必有一些人会喜欢你，继而喜欢你的一切。

名气与才气，孰轻孰重

【话题切入】

关于名人，人们有众多说法。有人认为出名就是名人，有人认为有才才算名人，有人认为受人喜爱才是名人，也有人认为名人必须要有实力。到底怎样才能算是名人呢？这个问题，每天都有人在寻找答案，为名，还是……

当然，有名的不一定是名人，有才的也不一定是名人，但要是此人有名、有才，又有人气、实力，那么他无疑就是名人。

很多人都争当名人，只要把握好名气、才气、人气、实力的尺度，你也可以从初出茅庐的新生到实力雄厚的明星，从默默无闻的小字辈到万众瞩目的大人物。

【成功案例】

林晨是大四应届毕业生，主修音乐。外表英俊的他，毕业后选择工作时面临了难题,他到底需要什么?他到底想要做什么?

论名气,他现在还是无名小辈;论才气,他才思飞扬;论人气,他有些追随者;论实力,他还需要加强。到底该选择哪条路,林晨犹豫、迷惘了起来。

有人建议林晨参加选秀,一定可以脱颖而出,即使在音乐上没有天赋,也可以算是明星。况且,林晨本来就是音乐才子啊。林晨独自摸索了一段时间,依然迷惘,他逐渐明白,或许是自己没有名气,整天过着昏天暗地的日子。他需要荣誉,需要让别人知道他的长处,他也知道要先埋头才能出头,然而他实在耐不住寂寞的煎熬,虽然林晨已有一定的实力,但他想,想要推销自己必须要有名气和人气,从此林晨不断地参加选秀,不断地到唱片公司报到,晚会或演出都争取露面的机会,为的是让别人记住他,知道他是音乐才子。

同时,林晨又有些害怕。他知道娱乐圈不是他想象得那么简单,万一出不了名,就会像江湖的流浪艺人,即使后来有了很高的造诣,可以过上渴望的生活人却已不在人间。林晨需要在活着的时候引起大家的注意,让别人喜欢上他。

平淡的生活不是林晨想要的,林晨陷入了困顿与迷茫中。他有才又有貌就是遇不到伯乐,不是自己不够优秀,而是缺少发现他的目光,让林晨闷闷不乐,后来有家唱片公司看中他的实力,逐渐把他推向乐坛。随后,林晨又参加选秀,在亿万观众的瞩目下,他成了焦点人物。林晨成功了,在乐坛是响当当的人物,拥有众多的粉丝。

成名后的林晨更烦恼了,下一步该怎么办?他现在如日中天,万一没有了才气、实力,哪天爬到巅峰一不小心跌了下来,岂不是摔得更惨?

林晨心想,要是他名气、人气、实力都是一流,那么他就会无意再去博得更多人的喜爱。于是,为了更高的梦想,林晨不断地充实自己,终于成了乐坛的一哥，走出国内，迈向国际，在世界乐坛上享有声誉，长盛不衰。

【专家剖析】

林晨从应届毕业生到乐坛一哥，从小字辈到大人物，可以算是名人。他的名并不是虚有其表，他是名气、才气、人气、实力兼备的真正名人。因此，把握好名气、才气、人气、实力的尺度，你也可以是名人。要是企图用虚假的手段获取别人的认同，只会金玉其外败絮其中，等到被揭穿后，痛苦的滋味可想而知。

【温馨提示】

1. 先埋头才能出头，名人不是立刻打造出来的，古代有江郎才尽，现在也有些人不充实自己却想争取更优秀的荣誉，虽然一时风光，千万人追捧，当真相被揭穿后，失去的不只是拥护者，还有尊严和信誉。

2. 一个人无论何时都要拥有实力，当然，名气、才气、人气也很重要，这样才能开拓属于自己的一片天空。

3. 光讲名的人不是真正的名人，光有才气的人没有人气也可能被湮没，社会就是这么残酷，要得到别人的认同，不得不全面展示自己的才华和实力，别人才会喜欢你，才会有人气，继而有真正的名气。

4. 不为虚名蹉跎，不因博得别人一时的欢宠而丢掉自己内在实力的修养，能在历史上流传而且获得良好口碑的人，必须要有实力，即使在有生之年没有名气，像凡高、卡夫卡，有实力就不怕没名气，纵使是若干年后的事。

5. 现在的年轻人急于求成，高不成低不就，到后来什么也没做成而后悔莫及。年轻人要充实自己，当你够突出时，自有名气、人气送上门。

6. 让别人喜欢上你，你要有让人喜欢的理由，只知一味地迎合，长久下来粉丝们就会对你产生厌烦，这也是为什么有的明星像流星般一闪而过，从此销声匿迹的原因。你应该从中汲取教训，当你有足够实力被宣传出来，你的未来才会长久，你在人们心中的地位才不会被取代，并且随着时光的推移人们对你的喜爱会越深。

见利不忘本

【话题切入】

俗话说："人为财死，鸟为食亡。"你在利益面前，能否保持清醒，不为所动呢？你要是见了利益就忘了自己，那么注定会惹人厌；能在利益前不被诱惑，坚定自我才是真君子。

我们知道，见利忘本的是不道德的人。一个人为了利益而失去做人的基本准则，就算日后悔悟也很难会有人再给予机会。

【成功案例】

阿凡和莎莎在大学是情侣，誓言相守到老。毕业后，阿凡留在北京，莎莎去了上海，两人保持密切联系，亲密无间；渐渐地，阿凡发现莎莎有些不对劲，他问莎莎是否另寻新欢了，莎莎都说没有。

之后，阿凡发简讯给莎莎，她都没回，打电话给她也不接；联系上了，莎莎也会找各种理由搪塞，阿凡觉得一定有问题。

怀着种种疑问，也想看许久不见的女友，阿凡坐火车到上海。他依址找到莎莎的住处，邻居说，莎莎不在家，和男朋友约会去了。阿凡一听，心凉了一半！男朋友！莎莎移情别恋了？阿凡想着哭了起来。

第一章　让别人喜欢你，从别人那里出发

邻居告诉阿凡莎莎男朋友的地址，阿凡找去，发现是一家豪华别墅。阿凡想，他一生都不可能拥有这样的别墅。

正在迟疑中，莎莎和一个男人卿卿我我地走下车。阿凡快速地迎了上去，莎莎看到阿凡愣住了，她没想到阿凡会来上海。知道事情已无法隐瞒，莎莎承认了，因为阿凡是穷小子，和他在一起一辈子都不会有好日子。阿凡说，莎莎答应和他结婚，白头偕老。莎莎笑着说，没有钱谈什么结婚？她在上海生活多好，有洋房、有进口车……

阿凡祈求莎莎回到他身边，实现彼此的诺言。莎莎嗤之以鼻，和新男友互拥着进入别墅。阿凡伤心极了，绝望地回到北京，郁闷了许久，最后阿凡重新振作起来。

他开始经营网络生意，多年后成了亿万富翁。阿凡结婚当天，有个女人扑到他面前，哭泣不已。阿凡认得是莎莎，她和丈夫感情不合，婆媳关系恶化……阿凡看着莎莎笑了笑，和女友携手走进礼堂……阿凡的新娘坦率真诚，阿凡和她在一起很知足，最后莎莎带着悔恨，默默地离去。

【专家剖析】

莎莎受不了利益的诱惑而舍弃阿凡，虽然事后知悔，阿凡也不为所动。可知，见利动摇的人，无法让人喜欢，要引以为戒啊！记住，不要被利益所迷惑，免得因贪婪忘掉自我，而悔不当初。

【温馨提示】

1. 人们最讨厌因利失去方向的人，如果一切只向"利"看，一辈子注定会没有朋友。

2. 面对利益的诱惑，不要忘掉自己的价值，不为利益所惑，不为利益失掉让别人喜欢你的理由。

3. 友谊要建立在真诚的基础上才稳固，如果建立在利益上注定会失败。

4. 利益的奴隶是小人，使坏的人会通过利益来蚕食人们的心灵，进而吞噬或把人们纳入其操控中。

5. 人一生重要的是亲情、友情、爱情……不只有"利"，能在利益面前保持纯洁善良之心才是真正的君子。

6. 要做到不为利益所动、见利不忘本很难，但就算你做不到，也不要去追逐。人要保留属于自己的东西，才不会变成利益的附属品，又有自己的价值，别人才会对你的品德高尚表示欢迎。

不打搅别人工作

【话题切入】

不要随意去打搅别人，尤其是当他在工作时，以免由于你的贸然，让他的工作发生失误，影响他的前程、事业。

不随意打搅别人工作，别人会认为你有修养，才有可能和你成为好朋友或伴侣。

【成功案例】

文佩很惹人喜爱，她长得漂亮、聪慧机灵，且不随意打扰别人，让人觉得她有教养、有内涵。

文佩的邻居是大学教授，教授一直待在实验室做研究，文佩怕教授的身体会受不了，便经常建议他要出去运动或送营养品给他。

一天，文佩又来到教授家，教授正全神贯注做着化学实验。文佩并

第一章 让别人喜欢你，从别人那里出发

没有打搅他，把带来的饭菜放在一边，一个人坐在旁边等着。

教授的实验一次又一次，几个小时过去了，文佩依然耐心地等着。不知过了多久，文佩觉得困了，便小睡起来。

等文佩醒来，教授已经不见了。文佩急忙去找，天啊！她被锁在实验室里。文佩大喊，过了好久，教授散步回来，看见文佩，惊讶地问："你怎么在我的实验室里？"

文佩解释着，教授才恍然大悟，一直向文佩道歉。文佩说不要紧，教授工作的样子令人陶醉。教授说，他今天的实验有了成果，是他近日来最突出的成就。要是文佩一来就打扰他，他很可能无法完成，而且以后也很难说会不会完成。他很感谢文佩，让他能够顺利完成这项艰巨的实验，文佩听后笑了起来。

从此，文佩更关怀教授的生活，后来他们成了夫妻。

【专家剖析】

文佩不随便打扰教授的工作，和教授由邻居升温到伴侣。每个人在工作时都不希望被打搅，在别人工作时只要默默关注他、支持他，让他更有力量，他成功后也不会忘记你。要是随意打搅他的工作，乱了他的思绪，他可能前功尽弃，会和你有着剪不断理还乱的矛盾，你们间的纠葛就很难得到调解。

所以，不要随意去打搅别人工作，让他能全身心地投入，他知道你在乎他，他会感激你，进而喜欢上你。

【温馨提示】

1. 懂得不打扰别人是有礼貌的表现。
2. 关心别人、体贴别人、为别人着想，才能不打扰其学习、工作或休息，这是尊重别人的表现。

3. 很多人工作时讨厌别人的打搅，如果你迫不得已打搅到别人，要向他说明情况和道歉。

4. 在别人工作、学习或休息时，说话声音要低，走路脚步要轻，电视音量要小，尽量不影响别人。

5. 知道不打扰别人才能和别人共同生活，彼此尊重、爱戴。

6. 让别人喜欢你，必须不随意打扰别人。在别人工作的紧要关头你的一次打搅，可能让别人失误，进而造成某些损失和不必要的麻烦，别人可能会因此远离你，不再和你做朋友，从此你们的情谊会逐渐变淡。

了解别人的口味

【话题切入】

你做了满桌菜，却都不是大家喜爱吃的，大家会吃个精光吗？要是你知道别人的口味，做几道别人喜爱吃的菜，别人会心中高兴，对你也会有好感。同样地，生活或工作中，要让别人接受你手上的"菜"，你必须要先了解他的口味。

【成功案例】

瑾瑜是推销员，主管要他把公司的服装产品推销给一家大公司。瑾瑜前前后后找了该公司的经理几次，一见面就说："经理，您好，可以麻烦您看看我们公司的产品吗？我想，您穿上它一定很靓眼。"这位经理看都没看就拒绝了。

瑾瑜无法说服经理，让他很困惑，因为公司产品的样式是经理的最爱，他竟然连看都不看。

第一章　让别人喜欢你，从别人那里出发

瑾瑜调查了许久发现，原来这位经理最讨厌一开始就和他讨论生意，而且他有一个嗜好，喜欢喝茶，尤其是西湖龙井茶。

打探到经理的喜好后，瑾瑜再次去找他。这次，瑾瑜一见面就对他说，自己很喜欢西湖，尤其是西湖的龙井茶，经理听了也慢慢和瑾瑜谈论起来。瑾瑜默默地听着，经理意犹未尽，滔滔不绝地诉说他在西湖的时光。瑾瑜不停地点头、应和，让经理很高兴。

谈话快结束前，瑾瑜故意说："经理这么喜爱西湖，刚好我有一件礼物要送给您，也是西湖产的。"

经理很惊讶，接过来一看，是之前瑾瑜推销给他的衣服，经理笑了，并买了下来，还说他朋友的工厂正好缺这样的衣服，于是，又订了瑾瑜公司的产品。

瑾瑜推销成功，老板对他大力嘉奖。瑾瑜说："不从别人的角度出发，不了解别人的口味，就想引起别人的兴趣，是不行的！"老板笑了，说："这就是我要让你明白的道理，要让别人喜欢你，首先你应该知道别人的爱好，否则白忙一场还是一无所成。"

【专家剖析】

瑾瑜知道了经理的口味，并成功地推销出公司产品。可见，想要赢得别人的喜爱，首先应该明白别人的兴趣爱好，投其所好则事半功倍。要是不了解别人的口味，可能事情会办砸，还落得别人的厌烦。所以，迎合别人的口味会让别人喜欢你。

【温馨提示】

1. 多站在别人的立场思索问题，想想别人的爱好、怎么做才能吸引人的注意。如果你放手就做，会很难进入别人喜欢的领域，别人不喜欢就会拒你于门外。你受到了冷遇就应该想想，要赢得别人对你的满

意，就要从别人的喜好考虑，一旦迎合其口味，你需要做的事情也就水到渠成，瓜熟蒂落。

2. 知道别人的口味并不是让你去讨好、迎合别人。有时，不站在他人的角度看事情，永远无法赢得别人的信任，别人可能拒你于门外；而能从他人角度看问题，凡事为别人着想，别人当然会感激你，就算你没有要求，只是偶然提出，他也会竭力相助。

3. 适当给别人所喜爱的东西，但千万不可为了迎合而酿成大错。有些人为了赢得别人的喜爱，拼命奉承，结果聪明反被聪明误，落得不好的下场。

4. 适时谈论别人感兴趣的话题，别人高兴了，如果你有所求他才会答应。千万不可漫无目的，像机关枪一样地自言自语，这样别人不只会驱客，以后也很可能无法得到他的任何帮助。

5. 和别人建立良好关系，如果不知道其口味，也不要试图去揣摩，以免牛头不对马嘴。有时用真诚，不用刻意讨好他的欢心，他反而会更信赖你、喜欢你，进而你的条件或你的需要，他都会答应，关键在于你的真诚，不虚与委蛇。

6. 人们不喜欢存有不轨企图的人，你从他的角度想，不心存非分之想，免得让人觉得你太滑头，这样别人就不会想接近你，你的要求也可能会被否决。

多带给别人惊喜

【话题切入】

平静的湖水，无法给人太多的遐想，但如果投入一颗石子就不一样了。生活也是一样，日子看似枯燥，如果适时地搅和一番，会迸出新的

第一章 让别人喜欢你，从别人那里出发

火花。

学着为平凡的生活增添惊喜，让周围的人生活得更多姿多彩，因而缺少不了你。因为你带给他们的惊喜让他们欢喜，你是他们的开心果。

【成功案例】

卓越是上班族，开朗大方，幽默可爱，许多人喜欢他。除上班外，他喜欢带给同事惊喜，有时是一个娃娃、有时是一只气球，有时是一束鲜花……让原本单调的工作增添色彩。

同事喜欢找卓越，因为从卓越身上他们能得到快乐。卓越真诚地帮助同事，为他们带来惊喜是他最大的快乐。

同事中有个女孩叫默默，平时不爱说话，家住在一个贫穷的山村里，其他同事都是来自大城市，这让默默更自卑，不爱说话。卓越知道后，便开始逗她，默默有时候很气卓越，觉得他不可理喻，但从心里还是很喜欢卓越，因为他的乐于助人。

一年春节，默默因工作关系无法回老家，只好独自跑出去玩，回来打开门，让她吓了一大跳，卓越为她准备了晚餐，看到餐桌上的蜡烛才想起当天是自己的生日。默默惊喜万分，问卓越怎么知道她的生日，卓越神秘地说，他是公司的侦探，所有人的秘密都逃不过他的法眼。默默笑得很开心，那年春节过得很愉快。

默默喜欢卓越，但羞涩不敢开口，情人节那天，默默收到一束玫瑰，打听后才知道是卓越送的。默默暗自高兴，但是看到公司好多女生都收到相同的玫瑰，她的心又沉了下来，她不知道卓越是否真的喜欢她。默默试探性地问卓越，是否喜欢公司的某个女生，卓越灿烂地笑着说，公司的女生他都喜欢。他说，他喜欢给同事带来惊喜，他喜欢让同事都快乐。

同事们喜欢卓越，开始有女生向他示爱，卓越假装害羞，委婉地拒

绝了。有人问卓越难道不结婚吗？卓越笑呵呵不语。

由于卓越的人缘特好，主管打算将他调部门。卓越说，他喜欢部门里的人，部门里的人也喜欢他，所以他不想调部门。主管说，让你升职了，难道你不想？卓越坚持留下来，调部门因此也就作罢了。

日子一天天过去，卓越几乎每天都有让同事惊喜的举动，成了整栋大楼的头号人物。卓越有许多的爱慕者，却选择了默默。有人问卓越为什么，他笑着说，没有理由，就是喜欢。

默默和卓越成了男女朋友，并即将结婚，同事已准备好了要去道贺，他们决定当天要给卓越一个惊喜。

【专家剖析】

卓越是公司的开心果，他人缘好，最终抱得美人归。我们知道，生活并不是一直都丰富多彩，如果你能带给别人惊喜，就像平静的湖面激起涟漪，会引人注目。适时地给生活添点料，相对的生活会更多彩。

【温馨提示】

1. 有时候一句温暖的话、一顿晚餐、一声祝福、一次来电……都会让人感到幸福无比，当然，别人也从你那里得到了幸福，他们会不喜欢你吗？

2. 学会变换惊喜的花样，让你喜欢的人或喜欢你的人生活处处充满阳光，他们高兴，你也就高兴，你高兴了，喜欢你的人也会跟着高兴。

3. 无论是你喜欢还是不喜欢的人都要为他们带来惊喜，有时候你喜欢的人不喜欢你，你不喜欢的人喜欢你，时常让他们感受到你的关爱，说不定不喜欢你的人也会被你感化而喜欢上你！

4. 让别人感觉因为有你的存在他的生活才会有滋有味，少了你他的生活会变得乏味，因而离不开你。

5. 凡事为别人着想，生活本来就平淡，如果你能多一个微笑，让别人出乎意料，别人会对你更好奇，你就更具吸引力了。

6. 把你当做是别人生活的点缀，如果别人是天空，你就是星星，少了你，他们就不美丽、不壮观。你点缀了他们，进而他们会更注意你、欣赏你。

满足别人的新鲜感

【话题切入】

分别给你一件新的和一件旧的东西，你会选择哪一件？当然是新的东西，因为新的东西有新鲜感。我们平常也要随时满足别人的新鲜感，否则容易被搁置在一边，没人理会。

【成功案例】

君如是家庭主妇，刚结婚时，丈夫对她百般体贴、呵护，有了孩子后，君如每天忙于工作和家庭，渐渐地，身材走了样，丈夫不再像以前体贴。君如知道，现在她除了工作就是小孩，没有时间保养自己和顾及丈夫的感受。她不想让自己失去魅力，于是，在工作之余她开始保养，慢慢地，她的身材恢复以往，且比以前更妩媚动人，丈夫也注意到了，变得十分依恋她。

君如明白，身为女人想要赢得异性的喜爱，必须不让他感到厌倦，并随时保有新鲜感和活力。现在，她和丈夫的关系越来越好。

【专家剖析】

孩子出生后，工作加上家庭让君如心力俱疲而忽略了自己，丈夫的冷淡让君如警觉起来，她开始保养自己，找回她原有的青春活力，丈夫也由对她逐渐冷淡到依恋。如果君如变成家庭主妇的邋遢样，丈夫会逐渐对她失去兴趣，甚至离开她。可见，不管男女，要随时让自己保持新鲜有活力，不要让日子催老了你。你满足了别人的新鲜感，别人也会对你产生兴趣，会更想亲近你、探索你。

【温馨提示】

1. 旧的、老的会被淘汰，新的、时尚的会被追求。人们都喜欢寻求新鲜事物，当你失去了新鲜感时，被人拒绝的可能性就变大了。

2. 女人不要把自己一下子全部展示出来，免得一眼被看穿后对你厌倦，而落到"明日黄花"的下场。

3. 让别人随时认为你还有东西可挖，不会枯竭，永远饱满，让别人对你永远好奇，因为你有挖不完的潜力，别人会被你吸引，时刻关注你。

4. 出人意料地制造惊喜，让别人时刻对你感兴趣，日子久了，别人会想更了解你。

5. 不因循守旧，要有发展意识，当别人对你失去新鲜感时，先了解别人心里在想些什么，找出问题，解决问题。

6. 一个随时让人有新鲜感的人，会有许多人喜欢他，他不会觉得孤单，会有好多人时刻关注着他。

多为别人着想

【话题切入】

生活中，每个人都会和别人接触，你想让别人喜欢你吗？那么你需要从别人的角度来看事情，多为别人着想，别人才会喜欢你。凡事以自己为出发点，只会让自己更孤苦无依，当你需要帮忙时，别人也爱莫能助。

我们要为别人着想，帮别人渡过难关，别人才会感激你。比如，你因为送朋友回家而耽误了约会、你去探望生病的同事而不顾自己还有重要的事……这些举动都会让别人感动，记在心头。

【成功案例】

林虎在公司很受欢迎，因为他凡事为别人着想。他很少考虑到自己，同事有困难，他总是第一个帮忙解决问题。

林虎把别人的困难当做是自己的问题。一次，有位同事忘了带身份证，在临检时被扣留，警方要他的朋友过去做证，林虎接到通知马上赶去，同事很感激他，当时林虎正要去找女友，因此被耽搁了，他的女友知道后原谅了他，因为她喜欢林虎是他处处为人着想的品格。

林虎谦虚地说："我们来到这个世上就是要为别人服务，我为别人，别人为我。"且他说到做到。有时过马路遇到老人或小孩，他会过去帮忙；有时同事生病了，即使他还有重要的事情，也会去探望同事，等等。他知道，为别人着想，让世界充满关怀，就算别人不喜欢你，也不会讨厌你。

林虎赢得了大家的尊重与喜爱，大家都对他报以真诚的微笑与厚爱。

【专家剖析】

　　林虎为别人着想，赢得了尊重与喜爱。因此，为别人着想，从别人角度出发，别人才会认为和你交往值得，进而加深彼此间的友谊；要是你凡事只为自己着想，别人会认为你很自私，不会和你坦诚相见。所以，多为别人着想能赢得良好的人缘，别人才会喜欢你，进而尊重你。

【温馨提示】

　　1. 自私的人不可靠，他会为了自己而损害别人的利益，在他心中自我至上，只要自己能达到要求，哪管别人的需求。

　　2. 人们不喜欢不考虑到他人感受的人，为他人着想，他人也会为你着想。

　　3. 凡事多想想别人，让别人感到因为有你的存在生活更有意义。

　　4. 为别人做力所能及的事，做不到也要试图帮忙，这样别人知道了你的好，当你有困难时，就算你不说，也会主动帮忙。

　　5. 做别人的公仆，别人会永远喜爱你。

　　6. 每个细节都以别人为出发点，点点滴滴，别人感受到你的纯真，也会尽力呵护你，不会让你从他身边溜走。

在背后说别人的好话

【话题切入】

　　喜欢在人的背后议论纷纷好像是人的天性。说别人的好，别人知道了会很高兴；要是说别人的坏话，让人知道了，他会如何看你啊？所以，想要让别人喜欢你，最好在背后说他的好话。

第一章　让别人喜欢你，从别人那里出发

【成功案例】

《红楼梦》记载，史湘云、薛宝钗劝贾宝玉去做官，贾宝玉大为反感，对着她们赞美林黛玉说："林姑娘从来没有说过这些混账话！要是她说这些混账话，我早和她生分了。"

凑巧这时黛玉来到窗外，无意中听见贾宝玉说自己的好话，"不觉又惊又喜，又悲又叹。"黛玉心想：宝玉在湘云、宝钗和她三人中只赞美她，而且不知道她会听到，这种好话不但是难得，而且是无意的。因此后来才有宝、黛的互诉肺腑，两人感情大增。如果宝玉当着黛玉的面说这番话，好猜疑、小性子的黛玉可能会以为宝玉是故意在讨好她。

【专家剖析】

林黛玉和贾宝玉的木石前盟（"木"是指绛珠草，"石"则是指补天彩石。《红楼梦》一开始就提到，贾宝玉是女娲补天剩下的彩石，因为他"无才可补天"，所以一直待在那儿，直到发现了林黛玉的前世——绛珠草，天天帮她浇水、陪她说话，所以绛珠草才会说要"还他一辈子的泪水"）远胜过贾宝玉和薛宝钗的金玉良缘（薛宝钗有金锁，贾宝玉身怀玉石，正符合"金玉良缘"之说，代表中国传统观念中社会性的婚姻）。要是贾宝玉因史湘云、薛宝钗劝他做官而说了林黛玉的坏话，又让黛玉听到，就不会有后来的互诉肺腑，说不定黛玉还会因此疏远他呢！喜欢听赞美话是人的天性，当来自社会、别人的赞美使自尊心、荣誉感得到满足时，人们便会情不自禁地觉得愉悦，并对说话者产生好感，彼此间的心理距离会因赞美而缩短、靠近，为人际沟通成功创造了良好的条件。

在背后说人的好话比当面说恭维话要好得多，不用担心对方听不到，因为你在背后说他的好话也许很快就会传到他耳朵。

对第三人说别人的好话时，当面说和背后说有区别，效果也不一

样。当面说，别人会认为你是在奉承、讨好他；背后说，别人会认为你是真诚、真心的，会领你的情，并感激你。如果你当着上司和同事的面说上司的好话，同事会说你是想讨好上司，拍上司的马屁，容易招来同事的耻笑，且这种正面的歌功颂德所产生的效果很小，甚至有反效果的可能，你的上司脸上可能会挂不住，觉得你不够真诚，与其如此，倒不如在其他部门或上司不在场的时候，大力地吹捧他，相信这些好话很快就会传到上司的耳朵里。

【温馨提示】

1. 在背后说别人的好话，别人会认为你是真心的，进而拉近你们之间的距离，别人对你的信赖也会与日俱增。

2. 在第三者面前说别人的好话，这样好话传到别人的耳朵里，别人会被你感动，如果是你的上司，他会嘉奖你；如果是你的下属，他会报答你的知遇之恩。

3. 在背后说别人的好话的相反是在背后说别人的坏话，千万要记得，人们永远讨厌用恶语中伤、不经思索的人。阮玲玉有句名言："人言可畏！"

4. 出自真心地赞美别人。别人听到你的赞美，会觉得愉悦和受到鼓舞，对你也会有好感，进而拉近你们的距离，你在别人心中有了不可磨灭的印象，别人在你心中是你喜欢的对象。

5. 好话要说到别人的心坎里，让别人真正地喜欢你，既不认为你是无稽之谈，又不认为你是在寻他开心。

6. 用甜言蜜语哄别人，用甜言蜜语打动别人，用蜜语甜言赢得别人。当然，这些甜言蜜语不要让别人觉得是"花言巧语"，如果你有不良的意图且被发现了，讨厌你的还是会讨厌你。你要学会隐晦些不要过于直接，不要心存目的，否则一开口就会和盘托出，别人会认为你没有诚意，这样怎么可能喜欢你呢？

第二章

让别人喜欢你,从自己着手

　　让别人喜欢你,首先从自身出发,如果你够优秀,气质美如兰、才华馥比仙,再加上勤奋、诚恳、不自私、乐于助人……纵使太阳月亮皆老,群山草木都烬,别人对你的喜欢仍会像滔滔黄河奔腾不息,万代北斗永不衰减。

勇于面对自己

【话题切入】

俗话说有人相貌俊雅，让人一见倾心但丑就没有可爱之处了吗？不！锺离春（锺无艳）虽丑，却用其智慧成为齐宣王的爱妻，率兵布阵打败想制伏齐国的秦、燕，使齐国无忧。包拯（包青天）是传说中的"包黑炭"，铁面无私，赢得美誉。所以，丑自有其可爱之处。只要你看淡了自己的丑，同样也可以是优秀的人。不过，有些人对自己的丑耿耿于怀，有人梦想成为舞蹈家，有人希望成为影星，却因外表的不讨喜阻碍了他们实现梦想。其实，坦然面对你不讨喜的外表，即使丑也有丑的可爱，让别人也能接受你，认为你的丑是另一种美。

【成功案例】

莉萨从小梦想当舞蹈家，却因龅牙让她不敢站上舞台，怕她的丑会被取笑。莉萨哭着去找父亲。

父亲看了看女儿，过了一会儿问莉萨是否还想当舞蹈家，莉萨说当然想。父亲建议莉萨，首先要勇敢地登上舞台。莉萨觉得因为她的龅牙，如果站上舞台会很没有面子，并请求父亲让她做整容手术。父亲说，整容后会失去她原来的面目，好看也会有副作用。如果一只乌鸦穿上孔雀的羽毛，即使看上去像孔雀，事实上，它还是乌鸦。父亲鼓励莉萨勇敢地踏出第一步，不要有心理负担地站上舞台。

莉萨很担心上台后别人会取笑她，她也知道，不站上舞台她一辈子也无法实现当舞蹈家的梦想。父亲以升职为由，在家里举办宴会，并希望莉萨能为来宾表演舞蹈，莉萨开始很排斥，禁不起父亲一再地鼓励，最后答应了。一舞结束，全场响起热烈掌声，夸奖声不绝于耳，还有人说莉萨的舞姿很像现代舞创始人邓肯，尤其笑的时候露出牙齿，如天上明月玲珑剔透，连花儿见了都含羞。莉萨听了十分高兴，原来她的龅牙并不丑，反而是令人称赞的话题，她并不知道这场宴会是父亲特地为她安排的。经过这次的表演，莉萨信心百倍，更想登上省城的舞台。

在省城的舞台上，有了自信的莉萨安然处之，全身心地投入，她知道，她的龅牙也是她的特色，甚至可以吸引观众。

果然，一场表演下来，莉萨赢得众多鲜花与掌声。莉萨更有信心了，虽然她长得不好看，却自有其可爱之处。

莉萨的自信和把缺点变成优点，使她越来越热爱舞台。她时常参加演出，赢得荣誉与喝彩。莉萨知道自己是优秀的，如果外表好看却无法发挥潜力，也只能注定是平凡人。莉萨不再刻意掩饰自己的龅牙，用她出色的舞蹈赢得大家的赞赏与爱慕。

【专家剖析】

莉萨找到了自信，不再因龅牙而耿耿于怀，她相信自己的专业，勇敢地站上舞台，也赢得了观众的喜爱。从莉萨的案例让我们知道，如果你丑只要不自卑，有时丑也是成功的筹码，说不定会带来意想不到的惊喜！

有时缺点也是优点，丑不是你的错，自有其可爱之处，只要善加发挥利用，说不定丑也会让你赢得成功。

【温馨提示】

1. 丑不是你的错，勇于接纳自己的长相，发挥自己的特长，别人会看到你的长处，忽略你的外表。

2. 丑是可以用化妆、修养来改变的，化妆至少可以遮丑，修养则能提升内涵，用内涵来吸引别人。

3. 把丑当做吸引人的资本，就要将自己与众不同的丑化成实力和需求，你就会是一只天鹅了。

4. 不怕别人的笑话，让别人对你的冷笑充耳不闻。

5. 丑大多是指外表，如果你的心灵美，照样是帅哥美女。记住，真正的帅哥美女都有其标准，除了外表和才华外，心灵也占有重要的地位。

6. 每个人生来都是天使，都是讨人喜欢的，无论何时，你都可以找到你不丑的地方，用此改变别人对你的印象，进而喜欢上你。

把悲伤留给自己

【话题切入】

当你有了悲伤的事情，是要自己承受还是让别人知道？有人说把悲伤留给自己，也有人说让别人知道自己的痛苦。把悲伤留给自己的人，会受到尊重，博得同情；让别人知道自己的痛苦的人，会带来痛苦，人们很难同情、可怜他。

【成功案例】

王大妈和李大妈是邻居。王大妈为人虚与委蛇，锱铢必较；李大妈为人宽厚，真心对待每个人。

王大妈动不动就和人吵架，吵得邻居不得安宁；李大妈喜欢帮助人。邻居喜欢李大妈，讨厌王大妈。

第二章 让别人喜欢你，从自己着手

王大妈总是独自一人，没有人想和她做朋友，她表面上微笑，背后则言不由衷，喜欢计较；李大妈会承受苦难，虽然她并不坚强，但她知道，她生来就要为人做点什么，因此她不怕累不怕苦，当有人遇到困难时，常会见到李大妈关怀的身影。

日子就这么过去了。有一天，王大妈生病了，十分难受，但是丈夫和儿子都不在家，她想寻求邻居的帮忙，但是谁也不理她。李大妈知道后，二话不说，连忙将王大妈送进医院。

王大妈看着气喘吁吁的李大妈，忍不住问为什么要帮她。李大妈说，邻居有难相助，这没什么。王大妈问这么做不累吗？李大妈说，虽苦或累，心里却很踏实。王大妈半信半疑地默默听着。

王大妈在医院养病期间，看到李大妈获得"热心助人"奖的新闻。王大妈很眼红，问李大妈有什么秘诀。李大妈说，只要有助人的想法，把别人的痛苦变成自己的快乐，就会受人欢迎。王大妈想想也对，平时她多风光，和张妈吵架、陈妈斗嘴，现在好了，自己在医院，冷冷清清，幸好有李大妈，要是连李大妈都不来看她……

王大妈知道了自己的问题，开始向李大妈学习。刚开始，邻居觉得很奇怪，渐渐地也习以为常。现在的王大妈时常受到邻居的夸奖呢！

【专家剖析】

王大妈虚与委蛇，喜欢斤斤计较，受到邻居的排挤；李大妈为人宽厚，真心帮助人，不让别人知道她的痛苦，广受邻居崇敬。王大妈在李大妈的感染下也受到邻居的尊重，因为她开始懂得了为人着想，她明白把悲伤留给自己，别人快乐才是最大的欣慰，邻居也开始喜欢王大妈。把悲伤留给自己，尽量接纳别人、理解别人，努力化恨为爱、化敌为友、以德报怨，和别人融洽相处，就可以受到别人的赞扬、尊重与爱戴。

把悲伤留给自己，为人开朗、豁达、谦让，是智慧，也是胸怀。

【温馨提示】

1. 有人这不顺那不顺，一直生活不顺；有人原本前程似锦，却因一件小事毁掉。他们本可以不必承受这些悲伤，我们要引以为戒。

2. 人难免有悲伤的时候，悲伤时可以找人倾诉。

3. 把悲伤留给自己，学会承受。

4. 把悲伤留给自己，给别人送去快乐，别人会喜欢你、感谢你。

5. 把悲伤留给自己，在悲伤中创造奇迹，有许多人正是因为悲伤才创造出不朽。

6. 悲伤时要学会快乐，去寻找快乐的根源：爬上高楼，眺望整个城市；攀登高峰，一览众山；看日出，让清晨第一缕朝阳洒满全身，感受一天的美好；遥望星空，享受独有的静谧和美好，赶走内心的惆怅；面对大海，让所有悲伤和忧郁随风而逝……你快乐了，喜欢你的人也会快乐。

不怕别人笑话

【话题切入】

有些人喜欢看别人的笑话，冷言热语，如果你听信了，只会让自己畏缩不前。有些人无论别人怎么说，依然淡定自若，只管做好自己，他们大多是最后的成功者。

【成功案例】

张子豪在面对别人的冷言热语时总是保持淡定，做自己喜欢的运

第二章 让别人喜欢你，从自己着手

动。他很普通，对运动很执著，当别人嘲笑他时，他会装作没听见，因此很多人都很喜欢他的单纯。

张子豪从小身体虚弱，他希望有一天能站在奥运会上夺魁。亲友认为这是不可能的事，都认为这位孱弱的少年空有大志！张子豪不被他们的意见左右，中学开始参加体育班，并逐渐崭露头角。

无论严寒酷暑，还是风刀霜剑，张子豪没有停止过练习，不管别人怎么说，他都不在乎，但他知道，只要努力，总有一天他会成功的。

上了大学，张子豪的篮球打得很好，拥有众多的粉丝，每次比赛，场馆的尖叫声、惊呼声不断。这时的张子豪已不再是当年瘦弱的少年，他健壮的身影引来众多异性爱慕的眼神。

张子豪大学毕业进入省体育队，有人说他这不好那也不好，张子豪没有去理会，他知道，必须让自己保持最佳状态，持续练习才能赢得大家的相信。

后来，张子豪进入国家体育队，并接二连三在各项比赛中获奖。众乡亲以他为荣。记者采访张子豪的父亲时，他说："我这个儿子有一个优点，就是不怕别人笑话，要不，他可能还是当年那个羸弱的少年。幸好，子豪不被别人的冷言热语所影响，才有今天的成就，身为父亲，我没什么好说的，只希望他越来越好。"

在父亲及亲友的鼓励下，张子豪一步步向上攀登，芝麻开花节节高。

【专家剖析】

张子豪从羸弱的少年到进了国家体育队，关键在于他不怕别人笑话，踏实做好自己。因此，如果有人嘲笑你，你不要在意，笑容长在别人脸上，别人想怎么笑就怎么笑，你只要做好自己，努力追求即可。等到你出人头地时，当初认为你没有出息的人会翻然醒悟，原来他们错看了你！

【温馨提示】

1. 别人想笑就让他们笑吧，不要在意，随便他们。用无所谓的态度面对，别人取笑你也会变得没什么意义，久了就不会再把你当话题笑柄了。

2. 别人嘲笑你，你才更有劲，努力改变自己，做给他们看，说不定因为如此让你出类拔萃呢。而且，如果没有反面的刺激，说不定你还不知前进呢。

3. 别人嘲笑你你就力求改变，让他们明白，你会比他们更优秀，会让他们喜欢上你。当然这个过程很艰辛，不过"想要人前显贵，就得背后受累"。如果你一直被人看不起，别丧失意志，甘愿寂寞、甘愿冷嘲热讽，拼搏上进，努力改变自己，你能走出来，你就会大放异彩，让他们对你油然崇敬，让他们知道你是优秀的，虽然他们当初看不起你。

4. 人要前进就要忍受别人的闲言碎语，展现最好的自己。走自己的路，让别人去说吧，终有一天你会驶入成功的港湾，到达彼岸。上岸后你会发现，经过苦痛和打击，迎接你的是掌声和欢呼声，你不必激动，只要淡淡地回味成功的过程，表现出王者风范。

5. 别人会以嘲笑来贬低你，你不要怕，要像舞台上很有自信的小丑，娱乐别人，当别人笑够了，最后的笑会变成是喜欢你的笑。

6. 你要表现出大无畏的样子，天塌下来也能顶住，这样别人会被你感动，如果他们有自知之明也会转念，帮助你走出困境。当然，也有人本来就讨厌你，你又不是钱币，不可能每个人都喜欢你。但只要做到让喜欢你的人更喜欢你，不喜欢你的人不再讨厌你，哪怕还有人无法接受你，也没关系。

第二章　让别人喜欢你，从自己着手

勇于面对自己的过失

【话题切入】

俗话说："知错能改，善莫大焉。"如果自知有错却不改正，那就是错上加错。犯了错要勇于面对，尤其是老板，犯错不敢承认，更易铸成大错。

【成功案例】

杨成是一家公司的老板，平时员工犯个小错，他都会加以指责，但如果是他犯错会不了了之。员工认为老板太高傲，瞧不起他们，很多人纷纷离职。

杨成不肯承认错误的行事风格也让客户很生气，不想和他继续合作，导致许多客户纷纷取消和杨成公司的合约，让杨成损失不少。渐渐地，杨成意识到问题的严重性，他开始反省自己。

经过一段时间的深思，杨成不再固执了，要不所有客户都会跑光，他的公司也要宣告倒闭了。接着，杨成只要一犯错都会勇于承认，大家都说他变了，对他的态度也改观了。杨成重新获得了员工、客户的认同与赞扬，公司的业绩也直线上升。

【专家剖析】

身为老板的杨成，死不认错导致公司损失惨重，经过深思后，他勇于承认自己的过失才得以挽回公司的业绩，赢回客户的合约。可知，犯错要勇于承认，犯错不承认，就是故步自封，只会让自己落后、失败。

【温馨提示】

1. 周处改过自新成为忠臣，小华盛顿砍樱桃树勇于承认广受称赞。一个人有错不承认，势必会错得更严重，最后无法收拾。

2. 知错能改，善莫大焉。犯错了知道改过，还是会受人欢迎。

3. 犯错不可避免，但不要犯相同的错。

4. 人生最大的智慧，在于洞悉自身的弱点。

5. 自我批评很重要，它源于你，像日光、空气、水一样，缺一不可。

6. 你有错别人指出时，不要刻意掩藏，也不要给别人脸色看，勇于改正，别人会更喜欢你。

想出众就要与众不同

【话题切入】

世界70亿人口，有人平庸一生，有人轰轰烈烈，你想平庸还是轰轰烈烈呢？如果想要轰轰烈烈就要与众不同，因为与众不同才能出类拔萃，才能成为千万人中耀眼的焦点。

【成功案例】

巴黎广场有位白发老妇整天踱来踱去，大家以为她是无家可归的老人，或以为她是在活动筋骨。有一天，报纸刊登了这位老人的感人事迹，大家才知道，原来她是在来往的人群中搜寻心事重重、面带焦虑、迫切需要帮助的无助者。

看到独自乱跑、东张西望的小孩，她会上前问："小朋友，需要我帮忙吗？你是不是找不到家啊？"见到忧郁的少年，她会上前问："孩子，有不开心的事吗？说出来吧！"见到满脸沮丧、心事重重的老人，她会主动打招呼："遇到烦心的事情吗？我们聊聊吧！"

她救助过因前途迷茫、失恋、病痛而企图自杀的青年男女；送回过迷路的智障老人和离家出走的小孩；救助过被拐骗的异地少女；成功地劝说悲观厌世的绝望者重拾自信。

白发老妇的热心肠逐渐成为众人注目的焦点，她原本只想帮助人，没想到却成了公众人物。白发老妇说，帮助人是她的职责。

白发老妇有一个儿子，整天无所事事，她想让儿子积极起来。儿子却说，人太突出反而是累赘。白发老妇问儿子，是否想得到别人的喜爱。儿子说想，于是白发老妇建议儿子做有益他人的事情，人生短短数十年，想要在社会上立足就必须出众。适者生存，优胜劣汰。

经不住母亲的再三劝说，儿子离家学做生意，但没多久，就打了退堂鼓；他从小就有当影星的愿望，于是转向影视圈发展，由于他特有的语言魅力和懒散、可爱、淘气的模样，让他从众人中脱颖而出。他并不是最优秀的，但他可爱的模样深受观众的喜爱。

【专家剖析】

白发老妇热心助人，儿子受到她的鼓励劝说，最后在影视圈闯出成绩。可知，许多人之所以平庸，是因为和平常人一样；如果能像皑皑白雪里的一枝红梅绚丽夺目、像东方早晨的启明星闪亮耀眼，那么想不出名都难。都说想出众就要与众不同，的确，平凡的人太多了，少有几个是出类拔萃的人。做好自己，想出众就要与众不同，但不是标新立异、独具一格，而是要有眼光。

【温馨提示】

1. 突出的人容易被大家看见，想出众就要让人看到你的不同，当你足够闪亮时，你就是金子。

2. 出众并不意味着命运改变，出众可以让你获得人们的喜爱，但有时反而会使你厄运不断，像科学家，大多不渴望出众，只希望做好分内的工作，如果太出众，会邀请不断，他们大多不想把精力分散在其他事情上。

3. 想出众就不要哗众取宠，不要炒作，不要为了迎合而失去尊严、失去最起码的准则。

4. 想出众就要与众不同，你的突出点应是顺应事实潮流发展，如果钻牛角尖，不仅不会赢得大家的喜爱，还会被倒打一耙，何必呢？

5. 出众并不是一两天的事情，急功近利成不了大事，有时先埋头再出头是很好的良策。

6. 就算你很出众，赢得大家的喜爱，还是会有人讨厌你；就算你很优秀，背地里还是会有你的小道消息、流言飞语。面对不喜欢你的人的恶意中伤，最好的办法就是回避，去做更突出的自己，让他们另眼相看。

不留退路，背水一战

【话题切入】

凭蛮力很难翻越墙，能割舍自己在意的东西，无后顾之忧后会勇敢地向前冲。凡事有转圜的余地，会让你犹豫，无法作出正确的决定。

【成功案例】

　　一天，几个小男孩比赛翻墙，高爽翻了很多次都没能成功。正当他灰心地想离去时，一位老爷爷走了过来对他说："小家伙，不要泄气，你可以翻过去的。"

　　高爽摇了摇头。老爷爷又说："你想翻过去吗？我有办法。"说着摘下高爽头上的帽子，顺手扔过墙的另一头。

　　高爽恼怒地大叫："你是个坏爷爷！"

　　"说什么也没用，现在你必须翻过去才能拿到帽子。"老爷爷说完就走了。

　　高爽面对高墙，不翻也要翻，经过多次努力，终于从高墙上翻了过去。

　　高爽长大后，在深圳开办了一家纺织厂，一场大火把工厂烧成了灰烬，让他在一夜之间变成了穷光蛋。他准备返回惠州老家，想在那儿过日子。就在动身之时，突然想起儿时翻墙捡帽子的事。顿时，高爽眼前一亮，取消了回家的念头，下定了背水一战的决心。他带着两个伙计来到马来西亚的一座小岛，先在一家农场打工，经过十年的拼搏，建立了一座农庄。他颇有感触地说："老爷爷扔的是我的帽子，我捡回的却是智慧。"

【专家剖析】

　　高爽切断了他的退路才能有今天的成就，人生也是如此。有所得就有所失，有所取就有所弃。不停地超越高墙，才能发现新境界，创造出新奇迹。

【温馨提示】

　　1. 断掉退路来逼自己成功，是许多明智者的选择。古希腊著名演说家戴摩西尼年轻时为了提高自己的演说能力，躲在地下室练习口才。由于耐不住寂寞，他经常想出去玩，静不下心来，练习效果很差。最后，他横下心，挥动剪刀把头发剪去一半，变成怪模怪样的阴阳头。这样让他羞于见人，只得彻底打消出去玩的念头，专心训练口才，一连数月足不出户，演讲水平突飞猛进，最后成了世界闻名的大演说家。

2. 也许了不起的人有意识地把自己逼入绝境，把所有一切可以退却的道路切断，用强烈的刺激唤起心中勇于超越的所有潜能。也许正是出于这种雄心壮志，其人生才有了可靠的基石，才能把更美好的事物带进其生命中，把更高深的思想引入他们的世界。

徐霞客是一位勇于跨越人生"高墙"的成功者。他一生中大部分时间是在旅途中度过，他登悬崖、攀绝壁、涉洪流、探洞穴，历经多次的艰难险阻。当他在游嵩山时，向当地人打听下山的路，当地人说下山的路有两条，一是平坦的大路，另一条是险峻的小道，他毫不犹豫地选择了后者。出没于陡岩丛莽间，经过艰难地跋涉才到山下。经历了这番艰险，他感慨地说："大家说嵩山没有什么可看的，那是因为他们没有看到险峻的地方。"他的话说出了成功者的智慧。徐霞客在人生道路上不停地激励自己、逼迫自己，主动给自己制造逆境，越过了许多"高墙"，看见了自然界的美景，他撰写的《徐霞客游记》是世界上首部有系统地研究岩溶地貌的科学著作，比欧洲人的考察早了200多年。后人评价这部伟大的游记说："世间真文字、大文字、奇文字。"

3. 你拥有雄心壮志就要努力，不应左顾右盼、意志不坚。不要给自己留下退路，只管为理想而专心奋斗，集中精力才能获得成功，执著地追求有意义的人生。受到伟大目标的激发，你才能有了不起的成就。而成就本身和成就的大小取决于你的决断力与进取心，要是你现在还没有做好充分的准备，就必须从现在开始努力培养这方面的品格，否则将来可能一事无成。

4. 每个有成就的人都是通过不断地努力达到目标。一旦进取心消退了，就容易失去前进的动力；一旦动力消失，再多的机遇都会从身边悄悄溜走。

当你的奋斗目标已确定，那么请记住：不要给自己留下任何退路，一直向前冲，这样你才会有抓住成功机遇的可能，通过努力拥有更美好的未来。

5. 如果你有足够大的动力，那么与之相匹配的能力也将会不期而至。如果你前面有一项非常吸引你的奖品在激励着你，相信你一定会很勤奋，会更具创新、更敏捷、更机智且思虑周全，头脑更清晰，会拥有更好的预见力与判断力。

6. 退路是逃避的另一种说法，若把退路时常挂在嘴边，表示懈怠和自我安慰。没有了退路才可以"穷且益坚，不坠青云之志"，从失望中开拓希望，发挥真实的能力，不因退缩而被人瞧不起。敢于拼搏、勇于向上的人，更能激起人们的喜欢与刮目相看，视为勇敢的化身。

接受事实，积极向上

【话题切入】

面对残酷的现实，你会怎么做？是接受还是逃避？如果接受，你可能会从失望中看到希望；如果选择逃避，可能会带来一连串的苦恼。

【成功案例】

小明出生在一个单亲家庭，从小只有爸爸，他每天要做许多事情，很少有空闲，连休假都要去卖报纸、捡破烂。小明厌倦了这样的生活，每当看到同伴成群地出去玩，他的心中就隐隐作痛。

小明一直生活在不快乐中，他想拥有温暖的家，每当听到《世上只有妈妈好》这首歌时，就会泪流满面。爸爸看了很心疼，更极力的照顾小明，小明问爸爸，为什么他们的生活这么苦？此时，爸爸会讲贝多芬、海伦凯勒等人的励志故事鼓励小明。小明承担、忍受着生活中的一切。他在学校成绩很突出，虽然家里穷，老师和同学都非常喜欢他。

【专家剖析】

小明接受了现实，从原本的悲观改为积极奋发，在校成绩优良。当然，现实不完美，会有些让人料想不到的事情发生，当遇到不如意时，不要埋怨命运的不公平，只有接受现实才能改变现状，才能走出痛苦的深渊，看到世界美好的一面。

【温馨提示】

1. 你可能每天都有烦恼，将抱怨改为接受，勇于面对，积极向上，有一天你将享受到成功的果实。

2. 你不能改变世界，但可以改变自己。面对命运多舛或不尽如人意，改变自己，总有出人头地的一天。

3. 现实虽然残酷，要相信你可以勇于面对，说不定会有奇迹出现。

4. 向上看、向上思考、奋发向上，坚持努力的方向。不论攀爬的坡度有多高，要花多久时间，只要保持积极的想法，你就会到达所希望的高点。

5. 现实是残酷的，此路不通就另辟蹊径，总有属于你的罗马大道。

6. 人们喜欢不向命运低头的人，你接受了命运的挑战，纵使无法超越，你的精神也会被人们牢记在心底，督促人们向前。

克服艰难，不怨天无人

【话题切入】

你知道英国物理学家、化学家法拉第是如何成功的吗？穷困的法拉第坦然接受了自己的环境，不苛求、不痴心妄想，专心在电的实验研究上，最后幸运女神垂青了他。

【成功案例】

幼年的法拉第是一个穷困的小孩，住在伦敦一个破旧不堪的马棚里，每天都要背着一大捆报纸到街上叫卖，每份报纸一便士，他就靠着这点钱来维持生计；他还在装订商和出版社当了7年的学徒。

有一次，他在装订《大不列颠百科全书》时，无意间看到了一篇介绍电的文章，这篇文章就像磁铁一样吸引了他，于是，他一口气把这篇文章读完。之后，他被电吸引了，找来一个玻璃瓶、一个旧的平底锅，加上几件简单的工具，开始做起有关电的实验。

有位顾客被这个小男孩的好奇心所感动，他带法拉第听著名化学家弗莱戴维的演讲。法拉第听完，大胆地写了一封信给戴维，并把自己的笔记交给他审阅。

一个晚上，当法拉第正准备上床睡觉时，戴维的马车停在他那简陋的住所门前，一个仆人下了马车，递给法拉第一封信。信中戴维邀请法拉第去他家，法拉第读着，心中有说不出的愉悦。

第二天一早，法拉第就去拜访戴维先生。这位科学家请法拉第做一些清洗实验仪器和搬运设备的工作，这对法拉第来说是求之不得的事。

在做有危险性的实验时，戴维会戴上玻璃做的安全面具，法拉第却一点也不怕，全神贯注地看着戴维的一举一动，戴维看到法拉第那双充满求知欲的眼睛，很是感动。

经过一段时间的观察和研究，法拉第开始做起实验。很快，他凭着勤奋和悟性，成果不断地涌现，许多一流的科学家都纷纷邀请这位当初没有任何机会的穷小孩去做实验报告。法拉第凭着自己自强不息的精神，终于登上了科学的高峰。

【专家剖析】

从法拉第成功的过程可知，面对恶劣的环境，不过多苛求、不埋怨，属于你成功的日子终将会到来。

【温馨提示】

1. 当你只是一颗石子时，不要抱怨命运对你不公平，只要努力让自己发光就行了。

2. 如果凡事都归结于运气不好，就很难跳出那个框架。不要将一切的责任推给命运。宿命论者大多思想灰暗、悲观，但越是这样，幸运女神就越不会去眷顾他们，他们就会更相信是运气不好，因此造成恶性循环。这种人事情做得好不好基本上不是问题，问题是他们老是把一切推给命运。

3. 你是企业家就做好企业家的工作，你是影视明星就好好演你的剧本，只要做好自己，无论哪个行业，都会赢得大家的喜欢。

4. 一个人不可能同时做好许多事，你在哪件事情上有潜力就做哪件事情，不熟悉的事情最好不要做。凡事不要苛求太多，做好自己最重要。

5. 如果你羡慕别人，可以去尝试别人的角色，但不一定会成功。

6. 做好本职工作，就算目前你得不到大家的喜爱，等某一天云开雾散，喜爱你的人可能会越来越多。

汲取失败的教训

【话题切入】

世界上有失败也有成功。失败了汲取教训，可以从中看到光明；要是一蹶不振，就会和成功无缘。做任何事情难免会有失败时，遇到失败就痛心疾首，可能会糟蹋此生，汲取教训才可能走到成功的彼岸。

【成功案例】

在一片深山老林里，有一座位于山顶的"神仙居"。有一天，一位年轻人从遥远的地方来求见"神仙居"主人，想拜他为师。

年轻人进了深山老林后，走了很长的时间。他遇到了麻烦，前方有三条岔路，年轻人不知道哪一条路可以通往山顶。

这时，年轻人看到路旁有一个老人在睡觉，他走上前去叫醒老人家，询问通往山顶的方向，老人睡眼蒙眬地嘟囔了一句"左边"，接着又睡了过去。于是年轻人从左边小路走去，走了很长时间，路突然消失在树林里，他只好原路返回三岔路口。只见老人家还在睡觉，年轻人上前去问路。

老人家舒服地伸了个懒腰，说了一声："左边。"就不理他了。年轻人正在分辨方位，转念一想，或许老人家是从下山方向讲"左边"。接着，他拣了右边小路走去，又走了很长的时间，眼前的路再次消失在树林里。年轻人又原路返回三岔路口，见老人家又在睡觉，不禁生起气来。

他上前推了推老人家，叫醒他，问："你一大把年纪了为何骗我，左边的路我走了，右边的路我也走了，都不能通往山顶，到底哪条路能到啊？"

这时老人家笑着说："左边的路不通，右边的路不通，你说哪条路通呢？这么简单的问题还用问吗？"年轻人这才知道，是中间那条路。可他不明白老人家为何总说"左边"。

带着一肚子的疑惑，年轻人终于来到了"神仙居"。他虔诚地跪下磕头，主人微笑着看着他，神态竟好像是山下三岔路口的老人家，年轻人不敢相信地用力揉了揉眼睛。

【专家剖析】

年轻人有了两次的失败经验，最后走到了山顶，如果没有前两次的失败，年轻人很难在三条路中选择正确的道路。所以，我们不要因为失败而伤心，也不要因为错误而负疚。有时事与愿违并非罪过，要是明知故犯就罪不可赦。

【温馨提示】

1. 失败乃成功之母，肯德基的创始人哈兰德山德士，一生经历了一千零九次的失败，他却说："一次成功就够了。"

2. 不要畏惧失败，乌云过后会是一片蓝天。

3. 从失败中汲取经验，进而进一步取得成功。

4. 人生道路坎坎坷坷，没有失败不可能，只有经历过失败才可能变成熟，才可能攀登胜利的巅峰。

5. 顺境也好，逆境也罢，人生就是失败与成功的无止休斗争。

6. 从失败中能看到希望，能走出低谷的人是时代的弄潮儿。如果遇到失败却不假思索、改进，将永远走不出失败的旋涡，不仅不会有人青睐，还可能一辈子活在痛苦中。

不要让人看到你流泪

【话题切入】

当我们遇到不开心的事时会流泪，然而也经常看到某些人从未流过泪。他真的没有流过泪吗？

【成功案例】

杨子凡出生在单亲家庭，从小和妈妈相依为命。在杨子凡的眼里，妈妈是伟大、坚强的，照顾他上学和生活的一切。杨子凡爱妈妈，视妈妈为唯一至爱，因为有这样的妈妈而感到高兴、自豪。

杨子凡念大学时，妈妈没有送他到火车站，因为妈妈说他应该要自立，做一个顶天立地的男子汉。起初，杨子凡还有些怨言，现在回想起来，不得不感谢妈妈。在杨子凡心中，妈妈永远是伟大的，永远是他的榜样。

杨子凡上班后，虽然薪水不是很优厚，但每个月都会给妈妈零用钱，过年回家时，妈妈把存下的钱拿出来，和儿子一起去买些吃的喝的东西。

妈妈的生活并不拮据，在面对儿子时总是很开心、很幸福。知道妈妈过得很好，让杨子凡很放心。渐渐地，杨子凡的处境越来越好，几年后开了一家公司，杨子凡有钱了，更孝敬妈妈，打算把妈妈接过来一起生活，由于恋家，妈妈拒绝了，因此杨子凡只有在过年时才回去看望妈妈。

杨子凡一直不明白为什么妈妈能如此坚强？是天生的吗，还是生活的磨砺？在一次的国庆假日，为了给妈妈惊喜，杨子凡忽地闯进家门，看到妈妈正在灯下剥着玉米棒子，杨子凡不想打扰妈妈，他悄悄地接近妈妈，发现妈妈确实老了，不应该再如此辛苦。当杨子凡快接近妈妈时，听见了妈妈的抽泣声，杨子凡以为听错了，再仔细听，妈妈真的在流眼泪。

杨子凡当下哭了，扑到妈妈的怀抱，问妈妈怎么了。妈妈只是很欣慰地笑着，说什么事也没有。原来妈妈知道外婆去世了，为了不让儿子担心，对杨子凡隐瞒了这件事。杨子凡知道后，埋怨妈妈，妈妈一边道歉，一边笑得很开心。

听邻居说，妈妈并不是他看到的那么爱笑，自从爸爸抛弃了他们母子，妈妈就经常愁眉不展，但为了生活、为了让儿子感觉幸福，她把辛酸往肚子里吞。邻居说，杨子凡不在家时，妈妈每每有太多的纠结时都会悄悄流泪。

杨子凡惊诧极了，问妈妈为什么哭泣，妈妈只是笑，好像什么事也没有发生。杨子凡并没有因此责备妈妈，反而更爱妈妈了，他知道，可怜天下父母心，他要用他的所有让妈妈后半生享尽荣华富贵。

【专家剖析】

杨子凡的妈妈很伟大。每个人都会流泪，世上坚强的人并不多，眼泪是最好的佐证，眼泪能洗刷一切不愉快。如果你看到一个人流泪，并不表示他（她）就很脆弱，尤其是在他（她）不知情的情况下，谁也不想让人知道他（她）在伤心，谁都想让人觉得他（她）过得幸福，只是由于各种压力或打击，流泪也成了常见的现象。

不在你面前流泪的人是伟大的，他（她）有一颗包容心，懂得怎

第二章 让别人喜欢你，从自己着手

样去爱人，怎样让人觉得他（她）很幸福。如果你看到喜欢的人或你爱的人流泪，你会不心痛吗？所以，他知道你爱他（她）或喜欢他（她），因此流泪了不让你知道，是为你着想。当然，他（她）也爱你或喜欢你，为了不让你担心，他把所有的伤心都留给了自己，他（她）确实伟大，值得你去爱、去喜欢。

【温馨提示】

1. 伤心时就痛快地哭，把所有的不快都发泄出来，你可以向人倾诉，也可以在他人不知情的情况下，把所有的不快付诸流水。其实，在别人面前流泪和默默流泪并没有多大的差别，只是出于为对方着想，通常，避开别人流泪是最好的方式。

2. 男人不喜欢哭哭啼啼的女人，女人也讨厌小气的男人，为了让更多的人喜欢你，你要坚强起来，让他们看到你在面对困难时的从容不迫，你不会让他们担心，你会小心应付到来的挫折或偶然的伤痕。

3. 谁都流过泪，流泪并不是不好，重点是看你是怎样的人，怎么流泪。当然，不可无中生有地流泪，不然，你会偏离喜欢的人，失去他们对你的信任，一旦没有了支持，即使你泪流成河，伤心的也只有自己。

4. 为了表示对你爱的人或喜欢的人的爱或喜欢，请不要在他面前流泪。随时保持微笑吧。美目盼兮、巧笑倩兮，果敢决断、干净利落，你在别人心中留下了良好印象，会让别人更爱你、喜欢你。

5. 当你看到你爱或喜欢的人流泪，不要置之不理，要无微不至地关心，让你喜欢或爱的人知道你确实爱或喜欢他。

6. 女人是水做的，流泪似乎成了女人的专利。不过，有的女人确实很坚强，如女中豪杰，像花木兰，"朔气传金柝，寒光照铁衣"，是战场上的"铁血男儿"，谁见过她流泪？

7. 男儿有泪不轻弹。刘德华有首歌《男人哭吧哭吧不是罪》。所以，该流泪的时候就流吧！很少有人会因此就不喜欢你。

改变环境不如改变自己

【话题切入】

你要明白，环境是静止的，你是可以任意行动的。如果你知道适时改变自己，可以从为人们所不齿转变为受人崇敬的英雄；要是你不知道如何改变自己，往往会成事不足败事有余，甚至落下罪名。

【成功案例】

在美国纽泽西州的一所小学里，有一个由26个孩子所组成的特殊班级，他们都是曾经失足的孩子，有的吸过毒，有的进过少管所，家长、老师和学校都对他们非常失望，甚至想放弃他们。一位名叫菲拉的女教师主动要求接手这个班级。

菲拉的第一节课，并不是先整顿纪律，而是在黑板上列出一道题目，让学生根据判断选出一位在后来能够造福人类的人。她列出三个候选人：

A. 笃信巫医、有两个情妇和多年的吸烟史，而且嗜酒如命。

B. 曾经两次被赶出办公室，每天都睡到中午才起床，每晚都会喝大约一公斤的白兰地，而且有吸食过鸦片的记录。

C. 曾是国家的战斗英雄，一直保持素食的习惯，不吸烟，偶尔喝点啤酒，年轻时从未做过违法的事。

结果大家都选C。菲拉公布答案，A是富兰克林罗斯福，连续担任过四届的美国总统；B 是温斯顿丘吉尔，英国历史上最著名的首相；C 是阿道夫希特勒。

大家都惊呆了，菲拉满怀激情地说："孩子们，过去的荣誉和耻辱只能代表过去，而真正能代表一个人一生的是其现在和将来的作为。从现在开始，努力做你们一生中最想做的事，你们都将成为了不起的人。"菲拉的这番话改变了这 26 个孩子的命运。

【专家剖析】

富兰克林罗斯福、温斯顿丘吉尔知道如何改变自己。因此，我们要明白自己过去所处的环境并不重要，自己的过去也不重要，只要在新的环境中愿意改变，通过努力就可以改变不光彩的历史，走出一条崭新的道路。

【温馨提示】

1. 与其让环境来适应你，不如你来适应环境。当你抱着"环境必须适应你"的心态时，你会发现没有一个地方是适合你的，你在每个地方都不会待太久。但是当你抱着"既来之，则安之"的心态来适应环境时，你会发现自己的适应能力变强了，对人际关系可以应付自如，周围的人也开始接受并喜欢上你。

2. 通过努力让大家认同才能真正融入新环境中。当你用良好的心态来面对周围的事物时，会发现你已经完全适应了环境，你也会在这个环境中过得更好。

3. 人有时候会凭着愿望想去改变什么，认为别人的做事方式和你不合，所处的环境让你不舒服。殊不知，处在一个大环境中，要适当地调整自己，让自己更适应环境才是智者所为。

4. 环境是相对静止的，而你是相对运动的。与其刻意地让环境运动，不如让你来运动，这样做起来较容易，也较快会有效果。

5. 你想做什么样的人，想赢得别人的喜爱，就得做改变，这样别人才可能喜欢你。

6. 当你不能改变环境时就改变自己吧！从自己着手，是取得成功、赢得别人喜爱的最佳、最有效的途径。

第三章

让别人喜欢你，喜欢你没道理

　　月有阴晴圆缺，人有真善丑美。人和人相处，要是你认为对方是好人，对方不会和你作对；要是你觉得对方和你敌对，你会对对方产生警戒，加深你们的鸿沟。感觉周围都是好人，你同样也是对方心中的好人并获得大家无条件的喜欢。

记住最重要的事

【话题切入】

人们常说："钱不是万能的，没钱万万不能。"难道有钱就能拥有一切吗？答案是否定的！钱固然重要，却不能买来人世间的真善美或亲情、友情、爱情等。所以，等你有钱了，不要自以为了不起。要把钱用在正事上，你会发现世上有好多东西比金钱更重要，有好多事情值得你去做。

【成功案例】

梦璐和俊安是新婚夫妻，住在北京，他们最近为房子问题伤透脑筋：他们婚后要生儿育女、要买一台大电视、想养一只可爱的狗、要接家乡的父母来住几日……梦璐和俊安越想越害怕，因为大都市的房价如此高昂。

这样下去终究不是办法，没钱许多事情都不能做！他们现在仍租房子，而梦璐已经怀孕，难道等孩子出生还和别人合租？每天都有烦心事，加上吵闹的邻居，梦璐的脑袋都快爆炸了。她开始催促丈夫出去闯荡，尽快赚一大笔钱。俊安认为，哪有那么容易的事？万一钱没赚到，工作也没了，留下梦璐一个人赚钱，那岂不是更惨？梦璐听了很生气，没有自己的房子总感觉不踏实啊。

怎么办？薪水不可能再高，靠丈夫养活又不知道到猴年马月，梦璐的心凉透了。房子啊房子，怎么办？于是，梦璐开始玩股票，半年下来却赔进去不少钱，反而让她更是闷闷不乐。看样子新房子不知何年何月

第三章 让别人喜欢你，喜欢你没道理

才住得上。

一次偶然的机会，俊安中了彩票，真是天降财富，梦璐和俊安好像做梦一样，开始计划如何使用这笔钱：首先，买一栋房子、拿3万元当做一年的零用钱、3万元孝敬父母……他们沉浸在美梦欢乐中……

很快的，他们搬到新家，有阳台，窗外有一条林荫道，鸟雀喧哗……梦璐、俊安高兴极了。但他们虽然有钱了，日子也不能这样过啊。梦璐、俊安开始琢磨，他们必须做些有意义的事情，不能让钱成了废纸或自家花钱如流水。他们想做社会福利，让贫穷的孩子读得起书；他们想到敬老院去看望许久没有人理会的老人。于是，他们辞去工作做起慈善事业，并经常去乡村和孩子、老人亲近，赢得声誉。后来儿子也出生了，这样的生活让他们很知足，看到他们帮助过的人生活改善时，他们觉得很欣慰。

儿子逐渐长大了，他们已是当地受人尊敬的人物，人们对他们崇敬有加。但人有旦夕祸福，这时传来儿子罹患重病的噩耗，梦璐伤心地守护着儿子。医生说孩子需要鼓舞，特别是同学，不等他们开口，他们曾经帮助过的学生来看望儿子了，让梦璐感动地流下眼泪。

梦璐教儿子识字、陪他玩，天天讲有趣、成功的故事给孩子听，能让儿子高兴是她最大的快乐。一段时间后，没想到，竟然出现了奇迹，医生说，她的儿子有康复的可能。梦璐想笑却笑不出来，是"可能"不是"真的"能康复。

梦璐说，纵使有家财万贯，也抵不上亲人的性命！她就算花尽钱财也要保住儿子的性命！可能是他们夫妻的热心，那些曾经接受过他们帮助的人，在他们有困难的时候纷纷伸出援手。不久，医生告诉梦璐，孩子可以出院了，因为梦璐的伟大母爱、热忱与真诚打动了上帝。

医生笑了，梦璐也笑了。

【专家剖析】

梦璐从为钱烦恼到有花不完的钱，她明白了金钱的作用。但如果在金钱和孩子上做选择，她会毫不犹豫地选择孩子。因为钱不是万能的，有些东西是用钱买不到的。

所以，等你有钱了，不要把钱存起来观赏，不要认为有钱就拥有了一切，你的品格、自尊、爱心、责任，是金山银山也买不来的。你要树立正确的人生观、价值观、金钱观，没钱时要学着去赚钱，有钱时不要乱花，要用在正事上。

【温馨提示】

1. 等你有钱了，过自己想过的生活吧！买一栋花园别墅，亲近大自然，享受原始的天然与纯真的美。

2. 等你有钱了，好好孝敬父母，走亲访友，环游世界，增长见识。

3. 等你有钱了，不要高居在上，不要忘掉自我，不要做有失道德准则的行为，让钱发挥实质上的效益。

4. 等你有钱了，喝一杯香茗，品味万卷书，和友人一起追忆似水年华。

5. 等你有钱了，做自己想做的事，实现儿时的梦想。

6. 等你有钱了，让没钱的人也有钱起来，让穷人高兴、幸福。要博得人们的喜爱，千万不能自私，要为别人带来快乐，别人才会喜欢你，和你一起开拓更美好的明天。

为对方着想

【话题切入】

有的人以自我为中心，方圆百里都是自己的领地。只为自己想的人，别人也不会考虑到他。

我们要剔除"人不为己，天诛地灭"的想法，要多从对方的立场想。如果你是推销员，你会怎么做？为对方着想可以帮助你获得良好的成绩。

【成功案例】

罗文是推销员，他打电话给顾客比科先生。"您好，比科先生。现在，我将提供您别人无法替您设想得到的服务。"

比科不解地问："什么服务？"

"我可以为您提供一货车的石油。"

"我不需要。"

"为什么？"

"你给了我，我放哪儿？"

"假如我是您的兄弟，比科先生，我会迫不及待的告诉您一句话。"

"什么话？"

"由于货源即将短缺，到时您可能无法买到油料，且价格会暴涨许多，所以我才建议您现在买下这些石油。"

"真的没用处，我没有地方可以存储。"

"您为什么不租用一个仓库呢？"

"我考虑一下吧，但仍然谢谢你的好意。"

罗文回到办公室时，桌上放着一张字条，上面写着：比科先生请你回电。

电话一接通，比科先生在电话的另一头迫不及待地说："我已经租好一个旧车库，有地方储放石油了。请你把那一货车的石油送过来，好吗？"

【专家剖析】

罗文成功地推销了石油，他的制胜要诀是为顾客着想。同样地，我们都要为对方着想。关心对方的一切，考虑对方的立场对方才会想到你，彼此相互促进、合作，进而双赢。

【温馨提示】

1. 凡事不忘别人，以对方为出发点，别人的利益是你的利益，互利互惠。

2. 生命的意义在于设身处地替他人着想，忧他人之忧，乐他人之乐。

3. 今天要做的事不要等到明天，自己该做的事不让别人做。

4. 多想到别人，少想到自己，可以少犯错误。

5. 你需要和别人相处，如果你太自私自利，别人会远离你，多为对方着想，对方才会为你着想，何乐而不为呢？

6. 别人不喜欢以自我为中心的人，喜欢能为他设想的人。

第三章 让别人喜欢你，喜欢你没道理

以宽容之心待人

【话题切入】

月有阴晴圆缺，人有真善丑美。人和人相处，要是你认为对方是好人，对方不会和你作对；要是你觉得对方和你敌对，你会对对方产生警戒，加深你们的鸿沟。感觉周围都是好人，你同样也是对方心中的好人。

【成功案例】

农场主的牛偷吃了农夫家的庄稼，农夫没有通知农场主人就把牛杀了，农场主人得知消息后决定找农夫理论。

农场主带着仆人上路，半路上遇到寒流，主仆两人全身被冰雪覆盖，差点冻僵。他们到达农夫家时，农夫外出还没回来，他的妻子出来迎接他们，热情的招待他们进屋烤火，一边等农夫。

农场主进屋后发现，农夫家的摆设简陋，农夫的妻子脸庞憔悴，还有六个躲在桌椅后面的瘦小但可爱的孩子，于是他选择了沉默。

不久，农夫回来了，妻子告诉农夫，他们冒着狂风严寒来找他。农夫上前紧紧握住农场主的手，拉他到暖炉旁烤火。这一举动感动了原本想说明来意的农场主，他又选择了沉默。农夫盛情地挽留他们一起吃晚饭。"不过，我只能请两位吃些豆子。"农夫不好意思地说，"因为家里穷，没有什么好吃的东西，加上天寒牛肉无法……"

仆人一直等待主人开口，农场主只和这家人说说笑笑，正事只字未提。

晚饭过后，天气仍然没有好转，农夫和妻子再三挽留他们过夜，两人只好留了下来。

第二天早上，农妇为他们准备黑咖啡、热豆子和面包，主仆吃饱后上路了。路上仆人问主人为何不提此行来意。农场主若有所思地赶着路，仆人再三地追问，他才说："我本来想进门就狠狠地教训农夫，后来我想了许久才放弃这个念头。你知道吗？其实，我们并没有什么损失，虽然我失去了一头牛，可是农夫并不是坏人，他的妻子、孩子也都是好人，我不得不说是我们家的牛惹事该杀。"

农场主和农夫化解了冲突，以后他路过农夫家时，六个孩子都会出来欢迎他，农场主也爱这些孩子。

后来农夫向农场主坦承自己的过错，说自己不该凭一时冲动杀了他的牛。农场主说，你当时可能认为牛的主人是坏蛋，所以要斩草除根。农夫一听，扑哧笑了起来，农场主也笑了。

【专家剖析】

农场主和农夫化解了矛盾，农场主觉得农夫是好人，最后和农夫成了朋友。要是农场主认为农夫坏透了，一定会和他大动干戈，就不会看到农夫家洋溢的善意，也无法从农夫、农夫的妻子和孩子身上得到感动，不会放弃和农夫之间的较量。此案例让我们明白，人之初，性本善，每个人生来善良，就算一时做了让你不高兴的事情，还是善良的人。感觉周围都是好人，你会从中感觉到人的真善美，生活也会积极向上，洋溢欢乐。

【温馨提示】

1. 每个人千差万别，总有你喜欢和不喜欢的人，你喜欢的人就认为他的一切都好，你不喜欢的人就认为他的一切都不好。其实，如果你感觉他好，他也会发现你对他的好，进而和谐相处。

2. 杨慎在《临江仙》中叹道："滚滚长江东逝水，浪花淘尽英雄。是非成败转头空，青山依旧在，几度夕阳红。白发渔樵江渚上，惯看秋月春风。一壶浊酒喜相逢，古今多少事，都付笑谈中。"可见，人的一生无论拥有多少奢华和权贵，最终也会随着生命的完结而结束，所以人还是多追求一些精神上的东西，世间最难得的是人情味。你真心待他人，他人也会真心待你。

3. 不说别人坏话，不道别人长短，让别人知道你暗地喜欢他，他也会偷偷地喜欢你，他喜欢你不仅是你认为他好，更重要的是你这个人。

4. 展示最优秀的你，欣赏别人，彼此喜欢、推崇。

5. 凡事为别人设想，站在别人的立场考虑问题，你会发现，别人所做的每件事有其道理。

6. 不要讨厌任何人，所有人你都要喜欢。从善良的天性认为别人是好人，别人也会真诚地回报你，就算他确实是坏人，只要你是好人，他也会被你感化，继而成为好人。

记住他人的好

【话题切入】

每个人都有优点和缺点，你会记住别人的优点还是缺点？要是你只记住别人的缺点，爱挑剔别人的毛病，会使得双方不合；要是你只记住其优点，就算刚开始别人讨厌你，也会逐渐改观，进而喜欢上你。

【成功案例】

青雪文静，巧荷善辩，喜欢夸夸其谈，两人是同事。谈起青雪，巧荷是添油加醋，无论好事坏事都和盘托出。

青雪知道，和巧荷相处不能多谈自己，只要经常夸赞她。巧荷常听别人夸赞青雪，说她有多好。巧荷很惭愧的来找青雪，说自己很自私，爱说别人的闲话，还很小心眼，爱和同事计较。青雪笑了，她知道巧荷古灵精怪，人见人爱；且巧荷非常疼爱弟弟，弟弟的学费都是她负责的。青雪不觉得巧荷有什么不好。

巧荷说："可是，我会在背后说你的坏话，我不是很坏吗？"

青雪摇摇头笑着说，她只听到巧荷在背后夸奖她。青雪的包容让巧荷深受感动，原本以为青雪会很讨厌她，现在她知道了，青雪认为她是好人，从此，巧荷不再背后搬弄青雪的是非了。巧荷认为能遇到青雪这样的好友，她一生无憾。

巧荷和青雪成了要好的姐妹，比起当初的水火不容，现在说说笑笑，何其融洽。同事见了，都大力夸赞：是记住别人的好所产生的积极效应啊。

【专家剖析】

青雪记住巧荷的好，把不好抛到九霄云外，让巧荷良心发现，从水火不容最后成为好姐妹。其实，青雪和巧荷的事件在我们身边常发生。记住别人的好，别人会认为你心地善良，喜欢和你交往；如果凡事斤斤计较，别人会认为你小心眼，进而和你保持距离。

【温馨提示】

1. 金无足赤，人无完人。如果只记得别人的不好印象，必然会产生矛盾，好像冤家；如果能抛去狭隘想法，说别人好话，就算别人一时误解你，时间是最好的良药，别人终会恍然大悟，原来你是在乎他，慢慢地，他也不会再讨厌你，进而喜欢你。

2. 把对方的不好抛到九霄云外，不计较其缺点，不谈论其不利之事，要有远见，和人和睦相处，不要鸡蛋里挑骨头，免得伤和气。

3. 就算别人不好，也要常夸他是有心人，善解人意，有人缘，别人听到大家对他的赞扬，如果他还不做出个样子来，他一定会过意不去。

4. 你的朋友、亲人、恋人都是好人，当然，你认为他们完美无瑕，他们同样也会认为你完美无瑕，大家相互喜欢，何乐不为呢？

5. 就算别人天天和你计较，道你的长短，也不要给他颜色看。你就坐在他身旁，听他发牢骚，让他把对你的不满全发泄出来，等他没有再讨厌你的理由时，如果你能表现像智者大肚能容，他也会反省自己，对你刮目相看，时间久了，可能和你和好呢！

6. 并不是每个人对你的好都会铭记在心，对真正的好人才值得如此感恩。人们喜欢感恩的人，如果别人对你好，请记住他的好，他会非常欣喜，就算不溢于言表也会对你越来越好。懂得感恩，他人会更喜欢你，社会会更和谐。

不在失意者面前得意

【话题切入】

当你有了高兴的事，是否会向人口沫横飞、满面红光地炫耀呢？你知道这样的结果是什么吗？如果是在失意者面前大肆吹捧自己，会在其心中埋下一颗不定时炸弹，随时都可能引爆。然而，有些人就喜欢这样，说起得意事时完全不顾失意者的心情。

【成功案例】

钱宁约了几位彼此熟识的死党来家里吃饭，主要是想借由热闹气氛让正陷入低潮的彼得心情好些。

彼得的公司不久前因经营不善宣布倒闭，他的妻子不堪生活压力，和他提出离婚，大家为了让彼得重新振作而有了这场聚会。彼得看起来十分痛苦，死党知道他目前的遭遇，都尽量避免谈论敏感话题，但其中有位朋友酒一下肚，忍不住谈起他的赚钱本领和花钱功夫，其得意神情让在场的人看了都觉得不舒服。彼得一直低头不语，脸色难看，一会儿去上厕所，一会儿去洗脸，最后干脆提早离开。彼得一出门，便愤怒地说："他会赚钱也不必在我面前说得这么神气！"

【专家剖析】

人们大多有一种心态：在有点成绩时吹捧、夸耀自己，认为自己高人一等，每遇亲朋好友就迫不及待地大肆吹嘘自己的心得、经验，常令听的人不知所措，不知是否要继续听下去还是打断他。案例中的朋友不顾彼得的心情大谈夸耀自己，让所有朋友觉得他很厌烦。所以，凡事不要让别人产生比下去的感觉，以免抬高自己贬低了别人，惹人讨厌。

【温馨提示】

1. 在失意者面前谈论你的得意，容易在人际关系上出现问题。

2. 每个人都会经历人生的低谷，都可能遇到不如意。在失意者面前炫耀自己的得意，无异是把针插在其心头上。因此提醒你，想要赢得别人的喜欢，切记不要在失意者面前谈论你的得意。如果你正得意，低调些吧，不要到处张扬显耀。如果你想谈，要选对对象和场合，可以在演说的公开场合谈，切记不要对失意者谈，失意者此时最脆弱，需要的是安慰和鼓励，而不是对他炫耀你的成就。你的高谈阔论在失意者听来都会是讽刺与嘲弄，让他感受到你看不起他。或许有人不在乎，你说你的，他听他的，但这种人并不多。因此，你所谈论的得意，对大部分失意者是一种伤害，也只有经历过的人才知道这种滋味。

3. 当你有了得意事，切忌在失意者面前谈论。得意时少说话，低调些，别人会给你不一样的眼光，你才可能得到更多人的爱护或拥戴。

4. 泰山不让土壤，故能成其大；河海不择细流，故能就其深。人生在世，不可能事事如意，更何况人无完人，谁都有失意的时候，因此当你面对失意者时，应学会宽容。

5. 人生得意须尽欢，如果你正得意，要你不谈论也难。可是要记住，当你谈论你的得意时，失意者会怀恨在心，会通过各种方式来泄恨，如扯你后腿、说你坏话，所以得意时少在失意者面前逞强好胜，要更谦卑。

6. 不要把自己想得过高，即使你一帆风顺，处处有收获，也要为别人着想，你得意了别人正失意是别人的痛，别人不会喜欢你，反而会讨厌你。

拥有一颗感恩的心

【话题切入】

人们在感恩节那天，会感谢上帝赐予的一切，感谢家人、朋友、同事、老板，感谢生命中的所有，用感恩的心感谢世界、感谢生活。

心存感激，带着感恩的心工作、生活，尽力回报他人，无形中会增强个人的魅力，顺利开启神奇的力量之门，发掘自身无穷的潜能。感恩的心是双向的，施与受的双方都会享受到巨大的身心愉悦，让我们的生活、工作向尽善尽美前进。拥有感恩的心，你的人生会更精彩；要是没有感恩的心，往往会栽倒在困境中。

【成功案例】

有两个人在沙漠中行走多日，正口渴难耐之际，碰到了一位赶骆驼的老人，骆驼上有一大皮袋水。于是他们试图向老人讨碗水喝。由于携带的水很有限，老人给了他们每人半碗水。其中一人在老人走后强烈抱怨老人吝啬，说他有那么多水却只给半碗，一怒之下，不小心将半碗水泼掉了；另一人知道这半碗水并不能解除饥渴，但还是怀着感恩之心喝下。随后，他们又往前走了很远都没有碰到水源，前者因为没有喝到半碗水而死在沙漠中，后者喝了这半碗水终于走出了沙漠。

老人的施舍分明是一种爱心，走出沙漠的人喝下的也是一种感恩，就是这种感恩支撑着他走出沙漠。

【专家剖析】

两个人受到的待遇相同，最后命运却不同，感恩者获得新生，不领情者丢掉性命。可知，我们要时刻心存感恩，不要以为别人的帮助是理所当然，要感谢他人给你的帮助。要是认为别人帮助你是应该的，抱着人人为我的心态，不懂得感恩，那么迟早别人会疏远你，你会陷入孤苦无助的境地。

【温馨提示】

1. 我们要懂得感恩，感激父母给予我们生命、感激国家带给我们和平、感激路人对我们的帮助、感激公司给我们工作、感激朋友对我们的情谊……要感激的人事物太多了。常怀感恩之心才能体会人生的幸福，继而别人才会喜欢你。拥有感恩之心的人即使仰望夜空，也会有一种感动，体会到一丝喜悦。在晴朗之夜，仰望天空，可以获得一种快乐，而这种快乐只有高尚的心灵才能体会。

2. 每天睡觉前不妨花点时间想想，今天有什么值得自己感激的事：爸爸的一句叮咛、妈妈的一顿早餐、恋人的一个微笑、邻居的一声问候……这些都是生命中爱的表现，都值得感激。如果我们能够感受其中的爱，便会有感恩之心，生活也会变得可爱、美好且充实。

3. 一个不会感恩的民族，是没有希望的民族。要振兴民族需要我们常怀感恩之心。而拥有感恩的心很简单，只要对帮助我们的人说谢谢，对生养我们的父母说谢谢，并为他们做力所能及的事，你就已拥有了感恩的心。

4. 拥有感恩的心，你就会明白受人滴水之恩当以涌泉相报，你就会懂得父母恩重如山，夫妻相敬如宾，兄弟情同手足，朋友情深似海；你会发现世界万事万物皆有情，蓝蓝的天、绿绿的草、晶莹剔透的露珠、闪闪的星星、一虫一鸟等，都与我们息息相关。

5. 拥有感恩的心，你就不会再讨厌任何人，包括曾经伤害过你、欺骗过你、斥责过你、绊倒过你的人。你会用海纳百川的胸怀、平和的心态来面对人世间的万事万物；你会把困难和挫折当做人生的礼物，你会更加高瞻远瞩，目标坚定；你会感觉空气里弥漫的都是喜悦，树梢上飘落的都是祝福，所有温馨都在向你招手，所有幸福都在向你呼唤。

6. 感恩不是说说就算了，必须付诸行动。别人对你有恩就要回报，不要在别人困难的时候不闻不问，以免落下"过河拆桥"的罪名。

持之以恒地学习

【话题切入】

学习是一生必须持续的事情。不爱学习或只坚持一半的人，往往头脑简单、四肢发达，是俗人。而持续不懈学习的人才会学有所长，在某个领域做出成绩。

人们不甘于平庸，想要改变平凡的命运就要充实自己。学习能使人从平凡到非凡，使人体会到他人享受不到的成就感。

【成功案例】

孙可可是一家著名外企的总经理秘书。在面对两位不同国籍（英国人、法国人）的老板时她都能应付自如，有时，两位老板还听命于她的发号施令。

孙可可到这家公司才一年多，刚踏进这家公司时就有很多好友提醒她，在外企上班难度非同一般，再加上两个不同国籍的老板，一定难上加难。

刚进公司时，老板把孙可可当成做杂事的小职员，只派她做琐碎的事情，同事也把她当成是小孩子，高兴时和她开开玩笑，不高兴就根本无视她的存在。这样的日子对孙可可来说是很大的煎熬，她不知流了多少委屈的眼泪。但她始终忍着，并持续不懈地学习，寻找表现的机会。

孙可可每天把自己的工作做好后，会找机会熟悉公司的业务流程：她把所能见到的各种数据文件搬到自己的桌上，有空就认真翻阅。因为外文的障碍，她桌上摆放着两位无声老师：英文字典和法文字典。每天一有空闲，她就会不厌其烦地翻看，久而久之，她对公司的业务已了如指掌，成为她顺畅地进入工作状态的坚实基础。

她对公司的业务越来越熟悉，同时她的外文也突飞猛进，这样的收获令她都非常吃惊。两位老板不禁对她刮目相看，不久后决定让孙可可担任总经理秘书，而秘书职位相当于副总。

孙可可没有因这突如其来的调升而沾沾自喜。她知道，如果她没有足够的知识，是很难在公司长久立足。所以，她给自己拟定严格的学习计划，每天都要学习外语和计算机。她从来没有想过要给自己一个休息日。

公司正常的五个工作日，她坚守工作岗位。身为老板的秘书，她必须为老板的每天活动做好周密的安排，让老板能有条有理地处理好各项事情。因此，她必须经常加班，晚上还要上进修班而她经常是快下课时才急忙赶到，抱歉地向老师打招呼，便全神贯注地进入学习。她就是这样持续地学习。她说："为了丰富自己的头脑，让自己能在社会上占有一席之地，我必须这样做，而且我也喜欢学习。等我有了钱，一定要给自己创造一个理想的学习环境。"

【专家剖析】

孙可可从普通职员升到外企总经理秘书，其秘诀是持续学习，学习使孙可可完美蜕变。我们不得不承认，持之以恒地学习可以改变命运。

学无止境，你如果不满足于目前的成就，就要掌握更多的知识，丰富自己，别人对你的印象也会加深，会委任你做更重要的事情，更受到重视，赢得越来越多的成功机会。

【温馨提示】

1. 做学问讲究勤奋，勤中有苦，苦中有乐，本来就没有快捷方式可寻,所谓"读书之乐无窍门,不在聪明只在勤"、"一分耕耘,一分收获"就是这个意思。师父领进门,想要有高深造诣还得靠自己下苦工夫。

2. 学海无涯,活到老,学到老,否则知识落后,容易被人抛弃,无法赢得人们的喜爱,恐怕一辈子都很难让人刮目相看,因为不勤奋、不知道上进,没有人会喜欢满足于现状的人。

3. 让头脑更丰富,人们喜欢博闻强识的人,你如果上知天文下知地理,将会有多少的崇拜者啊。有人说,世界史就是名人伟人的传记,而名人伟人如果没有足够的知识当做后盾,他注定只能昙花一现,会随着时间逐渐被淘汰。

4. 学习有各种途径,只要能达到效果,过程并不重要,可以劳逸结合,可以找到最适合自己的途径,有的人加班学习没见成效,就算付出很多也无法成功。成功者是知道学习、知道如何学习并获得知识的人。

5. 不可中途而废,人要不断地学习,持之以恒,天长地久,终成正果。

6. 人们喜欢勤奋上进的人。爱学习的人不甘于现状,会用知识充实头脑,会进步很快,是社会上大受欢迎的名流。

与他人分享快乐

【话题切入】

有快乐要大家分享。当你有好的事情传到别人耳里,别人会和你一样高兴;要是有好事不告诉大家,别人会认为你很自私,很少有人会喜欢这种人。

平日能带给大家好事的往往是人们的开心果，有了他，大家的生活变得多姿多彩。

【成功案例】

金英俊是可爱、阳光型的男孩，无论是运动会还是联欢晚会，只要发生快乐的事情，他都会告诉大家。他是全班的开心果，也是全班最受欢迎的人。

渐渐地，一传十，十传百，金英俊成了全校的开心果。同学有不开心的时候，只要遇到金英俊就会开心起来，无论有意还是无意，金英俊总能让他们感觉到世上的快乐不少，一时的不快或不高兴稍纵即逝。

毕业后到公司上班，金英俊会搜集许多有趣的事情，他把这些趣事转诉给同事，大家工作起来会更有干劲。金英俊是公司的开心果，同事会从他那里得到快乐。

金英俊喜欢公司同事美兰，美兰也很喜欢他，金英俊问美兰为什么喜欢他，美兰说，他会为别人带来快乐，让别人知道生活的美满，就算他在其他方面不是很优秀，也是公司最突出的男生。

现在，金英俊的生活很幸福，处处充满阳光，无论他走到哪里，都会给别人带来好的事情，别人都很喜欢他、欢迎他。

【专家剖析】

金英俊把好事带给大家，大家觉得快乐，也让自己广受欢迎。好事要大家分享，别人从你身上感受到快乐，他也会为你欣喜，把你视为宝、爱护有加。

【温馨提示】

1. 生活很平淡，有时很乏味，要是你让大家每天都能感受到有好的事情发生，那么你必将成为他们的重心，是人见人爱的开心果。

2. 不会做好的事情，就把别人好的事情加以传扬，这样别人会喜欢你，其他人也得到快乐。

3. 做了好的事情不一定要让大家知道，可以匿名做了好的事情，让大家高兴一番。切记不可为了宣扬自己，到处夸耀自己做了什么好事情，有时过于张扬会引起别人的忌妒。

4. 把自己当成别人的开心果，不必为某些事情斤斤计较，要让别人喜欢你，必须给别人带来快乐。

5. 如果别人没什么好事，你可以帮忙出新点子，让别人知道，你会在他们需要帮助的时候帮助他们，让他们看到生活充满阳光与希望。

6. 多分享你的喜悦给大家，如果你有什么愁情烦事不要放在心头，你为大家带来快乐，当你不快乐的时候，大家也会安慰你、解劝你，让你快乐起来。当然，这在于你平时要给大家带来好事，人是相互的，你真心真意地让别人感到生活处处明朗，对你心灵的受伤，别人也会让它归于和平、宁静、温暖。

注意仪容仪表

【话题切入】

听过丑小鸭变天鹅的故事吧？如果你不满意自己的外貌，你知道怎样从丑小鸭变成天鹅吗？平常多注意外表的打扮，丑小鸭可以变成天鹅。要是不注重外表的修饰，天鹅也可能变成丑小鸭。

【成功案例】

小雨和小美是高中同学。小美是同学眼中的花仙子，白皮肤、长睫毛，是男同学的梦中情人，坐在小美旁边的小雨则刚好是"以丑衬美"的典型代表。小雨圆圆的小脸蛋、胖嘟嘟的嘴唇，男同学喜欢打趣她："小胖妞，今天又带什么好吃的了？"小雨会难为情地转过头离去。

时光飞逝，一转眼十多年过去了，昔日的"小胖妞"已出落成亭亭玉立的小姐，在北京一家大型企业担任高级翻译。小雨优雅得体的装扮、温文尔雅的谈吐，赢得了无数鲜花、掌声和机会，还有一大批慕名而来的追求者。

春节举办国中同学会，当小雨和小美出现在众人面前时，让大家跌破眼镜，惊叹当年的小胖妞变成淑女，当年的花仙子却……

原来，小美高中没念完就嫁人了，每天起早贪黑，劳累中少了打扮的雅兴，长发随意用橡皮筋绑在脑后，早上匆匆洗过脸就出门，晚上也没有保养，日子久了，再美的容颜也会被摧残。小雨上了大学，意识到外表是女人的名片，于是她开始控制饮食，每天做运动，同时保养皮肤，每天都会彻底地洗脸护肤，还专修美容课程，一到重要场合必定让自己精雕细琢地闪亮登场。当然，想要拥有美好的形象，服装也是重头戏，小雨在这方面也花了不少心血，平时常逛街，钻研时尚杂志。小雨精益求精的打扮，让她的品位越来越高。如今的小雨，走在街上是众人目光的焦点，小雨已找到了最能彰显自己的方式。

【专家剖析】

爱美人皆知，小美由天鹅变成丑小鸭，小雨由丑小鸭变成天鹅，主要在于小雨懂得装扮自己，小美无暇装扮。

不管男人女人，除了先天美外，还需要后天的装扮，只要注意打扮自己，你可以是别人心中的天鹅。

拥有好的形象，对你大有裨益。人们不喜欢邋遢的人，既然你目前还很平庸，就要努力装扮自己，你的外表或一举一动，都会在别人心中留下良好的印象。

【温馨提示】

1. 外在形象是你的敲门砖，人不是天生就美，但可以经由打扮变得更美。

2. 男人要优雅。例如，展现王子般的微笑、举手投足的坚定、眉宇间隐伏的英气等。女人的化妆要清淡，妆容协调、秀发乌黑、皮肤洁净、隐约飘来的香味，在表达个性的同时又不失自然。

3. 每天都要打扮，不要给人不修边幅、不整洁的感觉。尤其在重要场合更要打扮，好的打扮能为你赢得好人缘。

4. 不要过于追求装扮，花里胡哨、扭扭捏捏，会让人觉得恶心厌烦。平常理发，男士要短，女士要亮，男士要有风度，女士要有魅力。

5. 选择属于自己的打扮，不要太追逐潮流，适合自己最重要，但要保持青春、靓丽、时尚或阳光。

第四章

让别人喜欢你,还是有理由的

　　如果说"喜欢一个人是没有理由的"那是骗人的,当你喜欢一个人的时候一定是这个人有一点吸引了你。喜欢一个人都是一个由点到面的过程,因为人是一种很复杂的动物,当你喜欢一个人的时候你敢说你真正了解了这个人了吗?不会的,如果谁这么说,他就是在自欺欺人,或者说他没经历过。

稳重与懂事

【话题切入】

男人喜欢温柔贤惠的女人，女人喜欢成熟稳重的男人，但要遇到如意郎君或红颜知己，如大海捞针。茫茫人海，擦肩而过的人，哪个人才是你的唯一，才是你最终的归宿？

当你从童话中醒来会发现，世界并不如你想象中那么美好，很多男人遇不到白雪公主，不少女人渴求不到白马王子。才华和相貌成反比，要遇到中意的人并非易事！如果你是成熟稳重又帅气的男人，如果你是温柔贤惠又懂事的女人，那么你就是白马王子或白雪公主。

【成功案例】

戴思乐和徐梅超是大学同学，他们同时暗恋班花娟娟。在同班20多名女生中，娟娟温柔贤惠可爱又懂事，学校的许多男生都对她有好感。

娟娟文静，戴思乐沉着稳重，徐梅超狂放不羁。娟娟虽然喜欢洒脱的徐梅超，然而选择终身伴侣时，她还是把爱神之箭射向戴思乐。

徐梅超追问娟娟："我拥有健壮的体格，可以保护你，为什么你偏偏选择傻里傻气的戴思乐？"

娟娟说："他不傻气，相反地，他多了一份睿智。你是豪放的帅哥，戴思乐是翩翩美少年，他写一手好文章，才华横溢；你除了帅还是帅，我偏偏很怪，不喜欢花瓶。漂亮的男人就如漂亮的女人，时间久了容易看厌。再说，你没有成熟稳重的感觉。当然，我不否定在某些方面你还

第四章 让别人喜欢你，还是有理由的

是很优秀，比如你重义气、大方，然而我很遗憾，我在选择伴侣时很自私，会考虑自己的后半生，成熟稳重帅气才是我的首选，戴思乐同时具备这些条件，所以我喜欢他。"

徐梅超喜欢娟娟，但娟娟不喜欢他。于是，徐梅超想用强行的方法得到她，被娟娟痛骂一顿，从此不再和他联络。徐梅超后悔极了，伤心许久，他终于明白，要赢得心仪女孩的喜爱，靠手段万万不可。之后，徐梅超让自己变成熟稳重起来，赢得很多女生的好感，娟娟也对他另眼相看，两人恢复友谊。

【专家剖析】

戴思乐沉着稳重，徐梅超性格火暴，娟娟把爱神之箭射向戴思乐。一个人如果稳重，有王者风范、君子气度，不刻意掩饰也会赢来青睐；如果脾气暴躁，动不动就爆发，谁想和他结为挚友，更别说共度一生？要是女人大大咧咧，失去温柔贤惠，男人也很难接纳她。

男人成熟稳重、女人温柔贤惠并不难，难的是成熟稳重、温柔贤惠的同时保持帅气、懂事。男人不注重修饰、邋遢猥琐，女人常自以为是以公主自居，谁会喜欢？

据报道，男人大多喜欢温柔贤惠又懂事的女人，多数女人喜欢成熟稳重又帅气的男人。每个人都渴望让人喜欢，所以，不要犹豫，男人从成熟稳重、女人从温柔贤惠下手，你将更具魅力，更能吸引异性。

【温馨提示】

1. 男人要常笑，果敢决断、干净利落，就算不成熟，有点傻孩子气也会讨人喜爱；女人要常笑，巧笑倩兮，美目盼兮，顾盼流眄，让人心醉神迷。

2. 成熟是男人和男孩的分水岭，试想，谁喜欢长不大的孩子？让

别人喜欢你，除具有先天的帅气外，还要成熟稳重。温柔贤惠是传统女性的美好品质，谁会喜欢泼辣或动不动就一死二哭三上吊的女人？

3. 男人要是不成熟不稳重又不帅气，就做好自己；女人要是不温柔不贤惠又不懂事，她的一生就"完了"，最起码要懂事。

4. 就算你不是在选择对象，也许在交友，然而选择怎样的朋友，你心中早有标准。

5. 遇到喜欢的人不要轻言放弃，必要时，给他一份惊喜。

6. 男人做到成熟、稳重又帅气很难，女人要温柔、贤惠又懂事也不容易，但只要努力做，就算不是很完美，同样也会赢得别人的喜爱。

重"貌"更要重"才"

【话题切入】

帅哥很多，无论是白净开朗的细腻秀男、雄壮豪迈的肌肉猛男、身材挺拔的高大帅男，还是言语轻柔的情圣美男、敏感忧郁的花样俊男、运动阳光的霹雳酷男，都不可能做到才貌双全。即使有这种人，那也是少之极少，且与他的关系难以长久维持。

美女比比皆是，贤淑端庄型、温良贤惠型、乖巧玲珑型、端庄严厉型、大气无畏型、清雅靓丽型、高雅风尚型、哀怨可人型，若能再有才华，那将是百里挑一。

如果让你选择终身伴侣，你是选择有才还是有貌？有貌固然好，但要是没有才，婚姻生活容易出现磕绊。

【成功案例】

贾建樟和赵丽娟是夫妻，一个美玉无瑕，一个阆苑仙葩；韩杰和李娜是另一对才子佳人，一个才华出众，一个温文尔雅。

贾建樟和赵丽娟偏重物质生活，韩杰和李娜倾向精神生活。刚开始，两对夫妻恩爱生活，渐渐地，贾建樟和赵丽娟经常吵架、闹情绪；韩杰、李娜恩爱如昔、相敬如宾。

赵丽娟很困惑，跑去找韩杰和李娜诉苦，说丈夫多么不尽她意、没有责任感、不知疼爱妻子、整天对着无聊事发牢骚。想当初，两人是多么幸福，现在却经常冷战，像陌生人一样。韩杰和李娜也走入婚姻，为什么却依然相爱？赵丽娟问，这样的婚姻是否值得再维持？

听了赵丽娟的诉苦，韩杰请她先静下来，随后语重心长地说，她和贾建樟之所以不和，像冤家，主要是他们没有共同兴趣。当初两人看中的只是外表，结婚也凭一时冲动，等婚姻出现问题了，不是想办法解决而是互推责任。韩杰说，两人在一起不容易，他们的确很般配，只要他们能再增加知识，让彼此都有才，有了智慧，关系自然升华，会迎来属于他们美好的明天。

赵丽娟听了，回家和丈夫沟通，希望两人能再多充实，增进智慧，贾建樟也同意。一段时间后，赵丽娟高兴地去找韩杰夫妻，说他们不再为鸡毛蒜皮的事情吵架，已懂得珍惜对方，现在生活如当年般幸福。

【专家剖析】

贾建樟和赵丽娟有貌没有才，常为不起眼的小事闹得不可开交，导致婚姻出现问题。韩杰和李娜是一对才子佳人，生活美满，就算有问题也懂得包容对方。要是贾建樟和赵丽娟一直以"公说公有理，婆说婆有理"的方式相处，彼此不让，他们的战争会永无止息。幸好他们明白了才情的重要，愿意改进学习，用智慧化解生活的龃龉，彼此珍惜，最后才能幸福如初。

外表固然重要，如果内在虚化，不会有人喜欢这样的人。要知道，喜欢一个人不是只看表面，还要看他的内心，外在和内在都美的人，谁会不喜欢他呢？

【温馨提示】

1. 想要更吸引人，除了靓丽外表，知识涵养更是关键。

2. 人会老去，靠相貌吃饭不长久，但只要有才，无论何时都会有自己的一片天地。

3. 许多人只注重外在的修饰而忽视内在的品位，仅博得一时的风靡，这种荣誉享受如雨后露珠，经不起照射，太阳一出来就会消失。

4. 多充实自己，纵使不帅不美，也会因内在之美吸引人们的喜爱。

5. 如果你外在和内在兼备，人们会对你刮目相看，更喜欢你。

6. 帅哥美女不是靠装扮出来的，花里胡哨反而让人反胃。清新淳朴赢得注目，自然美让人更喜欢。

用爱温暖人间

【话题切入】

爱的世界，处处温暖有情；没有爱的世界，显得冷酷无情。贪婪、自私的人，为人所不齿；胸怀博大、拥有炽热的心的人，人们自然爱他。

心地善良，舍己为人的人，被视为是天使的化身。

【成功案例】

修女西美尔，纯洁、善良，广受人们敬爱。人们经常看到西美尔修

第四章 让别人喜欢你，还是有理由的

女独自走在安静的小径上。小径原本很荒凉，西美尔修女走过后，没几年这里花红柳绿、莺歌燕语。

西美尔修女喜欢这里，她独自一人，有孩子伸手向她讨吃的东西时，她总是乐呵呵地端出水果、点心或其他食物。西美尔修女好像没有烦恼，有人问她，西美尔修女笑着说，人人都有烦恼，但只要心中有爱，烦恼很快就会消失了。

她住的地方清幽、雅静，蜜蜂和蝴蝶很喜欢来。夏天，一片欣欣向荣，西美尔修女把院子打扫得干干净净，即使很少有人来造访。西美尔修女外出看到受伤的动物或人，都会伸出援手，没有理由，只希望一切都美好。

后来，西美尔修女变成一位慈祥的老太太，除了在教堂，清幽的小径上总能见到她的身影，在人们心中，她是令人敬仰的。当地人都喜欢她，因为她无比善良，让人无法用言语来形容。

西美尔修女爱每一个人，即使她很少和大家来往，只要见面都很谈得来，那种情感的自然流露，谁都可以看出来。西美尔修女没有做出什么惊天动地的事情，她只是爱家园、爱虫鱼、爱人们……

西美尔修女赢得了大家的尊崇，虽然她一个人生活却很幸福。

【专家剖析】

西美尔修女爱人，人们也爱她。可见，人人都需要爱，爱能融化所有的不快，只要人人都献出一点爱，世界将变得更美好。

人世间总有太多的不平、冷酷、妒忌、猜疑、怨恨、敌视，因为爱的存在，人们不会对生活失去信心。

很久以前，一个小城市有一户生活贫苦的家庭。虽然生活艰辛，这家人依然彼此关爱、相互照顾，共同渡过一个又一个的难关。

有一天，这户人家的孩子在屋后玩耍，看见三个须发皆白的老人坐

在不远处的石阶上，他们看起来风尘仆仆，满脸倦容，好像很久没有歇息的样子。孩子热情地邀请他们进屋喝水。

三位老人相视而笑。为首的老人看着孩子，点点头问："你的家人都在吗？""爸爸和哥哥去码头工作，妈妈给人洗衣服，家里只有我和弟弟、妹妹。"老人慈祥地笑着说："好孩子，谢谢你的好意，等你的爸爸妈妈回来，我们再进去吧！"

到了晚上，全家人都回来了。孩子赶紧把老人的话告诉家人，父母一听立刻说："你赶快请他们进来，他们一定又累又饿，我们要让他们好好地吃一顿晚餐。"

孩子马上跑出去告诉三位老人，三位老人站了起来却没有挪动脚步。为首的老人指着同伴对孩子说："他叫财富，他叫成功，我叫爱。我们不能同时走进屋子，你去问问家人，他们想让我们中的哪一个进去。"

孩子马上跑回家和家人说，哥哥说："我们请'财富'进来吧。他一进门，我们就有花不完的钱，再也不必去码头做苦力了。"爸爸不同意："我们应该请'成功'进来。谁不渴望成功？成功意味着拥有一切，胜于财富。"父子为此争论不已。这时一直在旁边沉默不语的母亲说："我们为什么不请'爱'进来呢？只要我们家里充满爱，什么苦都会变成是甜的。"听了母亲的话，大家都安静了下来，最后全家人一起走出去，热情地邀请"爱"进屋。

他们刚簇拥着"爱"进家门，屋里立刻充满欢声笑语。不久，他们发现了"财富"和"成功"不知何时也坐到了他们中间。看到大家吃惊的表情，"爱"解释说："你们做了最正确的选择。如果你们选择'成功'或'财富'，我们另外两位就只好留在门外。但是你们选择了我，不管我在哪儿，成功和财富都会跟在我身边。有爱的地方，就一定有成功和财富！"

有了爱，财富和成功会随之而来。爱是创造一切的源泉，财富和成功伴随着爱而来，爱却不会伴随任何事物而去。

【温馨提示】

1. 爱是人生最伟大的信念，当你拥有爱，就会对工作、生活、学习充满热情，才能拥有属于你的东西。

2. 没有爱的人，不会有人接近。

3. 人之初，性本善。人心是肉长的，没有爱心，人会活得很累。

4. 人皆有爱，只是有的人把爱隐藏起来，不到必要时刻不会表现出来。爱的程度有深有浅，听到悲伤的故事会流泪，就是有爱。

5. 不会说话的动物都有爱，何况是人。如果人类没有爱，那就不如动物了。

6. 爱是付出也是给予，爱与被爱都很幸福。因为善良，所以喜欢。

至少要会照顾自己

【话题切入】

有些人因为一出生就拥有得太多，他们中的许多虽然已是大人了，自理能力却很差，靠依赖父母生活。

【成功案例】

林峰已升大四，他是家里唯一的儿子，爸爸是富商，平时娇生惯养，读到大学还要妈妈帮他洗衣服。

原本有很多女生喜欢林峰，因为他帅气、干净、洒脱，但一听说他连自理能力也没有，便纷纷离开他。林峰很伤心，告诉妈妈。妈妈想了许久，她知道这一切是自己太溺爱儿子了。于是妈妈说："想让别人喜欢、爱上你吗？"林峰说："当然想！"

"那么，宝贝，从今以后，你的衣服要自己洗！"

"为什么，妈妈？我不会洗衣服。"

"你不曾洗过怎么知道不会呢？再说，如果你连这个能力都没有，你要怎么赢得别人的喜爱呢？"

林峰若有所悟，开始动手学着打理自己的生活。渐渐地，林峰会做饭了、林峰懂得做小生意赚钱了……大家议论纷纷，对林峰投来注目的眼神。

林峰很高兴地对妈妈说，学校开始有人喜欢他了。从此，妈妈让林峰全盘自理生活。林峰做到了，他已经懂得照顾自己了。

【专家剖析】

林峰倚赖父母，让同学嗤之以鼻，最后他学会自己照顾自己，让大家对他刮目相看。想赢得别人的喜爱，如果连自己都照顾不了，就算你有万贯家财，坐拥金山，也很难让人心生敬意。这时对你投来欣慕目光的人，大多是势利眼，他们看中的是你的钱，你愿意和他们走得近吗？

学着自立自强吧。无论你是穷还是富，都要学会照顾自己，寄人篱下会有孤苦感，即使是父母，试想，父母终会年老，到时是你要孝顺他们，怎能期望他们继续照顾你呢？

【温馨提示】

1. 每个人必须学会照顾自己，如果连自己都养活不了，将来怎么养孩子、照顾父母？

2. 就算你有万贯家财，一辈子不愁吃穿，也不可贪享安逸，安逸会使人丧失斗志。哪怕你一生都有人照顾，为了将来，你必须学会照顾自己。

3. 人们喜欢有责任感的人，照顾好自己才能关心别人，让别人觉得温暖，继而喜欢你。

4. 你的父母不可能一辈子陪着你，你会有离开他们的时候，那时谁来照顾你？除了自己还是自己，如果你连自理能力都没有，将很难在社会上生存，很快就会被淘汰。

5. 不计较太多，遇到生活上无法自理的人，伸出你的双手，让他感受到你的温暖，他会感激你的。

6. 从今天起，你要亲自打理自己的生活，让关心你的人放心，你已会照顾自己了。

孝敬父母是本分

【话题切入】

由于工作、生活、学习等原因，许多人忽略了已上年纪的父母。直到"子欲养而亲不待"时，才后悔莫及。孝敬父母是我们的本分，对父母不闻不问的人，是不义不孝。

【成功案例】

有位网友说：我的父母年近花甲。我在父母心中永远是一个懂事、孝敬他们的孩子。

我在北京工作，职位是经理，我的爸妈住在乡下。可怜天下父母心，我的父母给了我一切，如今我已是白领阶层，父母辛苦把我养大，我知道要报答他们!

  我爱我的父母,虽然我不在他们身边,但我时常能让他们感受到我对他们的爱。每隔一段时间,我会送上我的心意,表达对他们的敬意与爱戴,如穿戴、营养品等。我的父母经常在电话中夸奖我,说我要送他们一件外套,第二天就收到了,他们说知道我有这份孝心就够了。

  新年快到了,我如果因为工作关系无法回家,也会去邮局寄些我对父母的感念,哪怕是一包糖、一箱水果,只要父母能收到我的祝福,我就心满意足了。

  有人说,电话可以孝敬父母,让父母感到浓浓暖意。我的父母住在乡下,他们整天守着电话有什么用?况且,他们现在需要的是保养身体,城里的营养品很多,很适合高龄老人,我每次回家都会听到邻居暗地里称赞我。说我是孝顺的儿子,纵使长年不在父母身边,也会寄给他们我最真诚的祝愿,愿他们永远健康。

【专家剖析】

  我国自古崇尚孝道。网友懂得孝敬父母,用他的方式让父母舒心、放心,且受到邻居的赞扬。

  中国有"二十四孝",《二十四孝图》是指:孝感动天(虞舜)、戏彩娱亲(老莱子)、鹿乳奉亲(郯子)、为亲负米(仲由)、芦衣顺母(闵损)、啮指心痛(曾母)、亲尝汤药(刘恒)、为母埋儿(郭巨)、行佣供母(江革)、拾葚供母(蔡顺)、涌泉跃鲤奉亲、扇枕温席(黄香)、卖身葬父(董永)、刻木事亲(丁兰)、怀橘遗亲(陆绩)、闻雷泣墓(王裒)、哭竹生笋(孟宗)、卧冰求鲤(王祥)、打虎救父(杨香)、恣蚊饱血(吴猛)、尝粪忧心(黔娄)、乳姑奉亲不息(唐夫人)、弃官寻母(朱寿昌)、涤秽事亲(黄庭坚)。

  二十四孝为我们树立了楷模,现在我们虽然过着小康生活,还是要

第四章 让别人喜欢你，还是有理由的

保有古人的孝心，从精神和物质上孝敬父母。

父母健在时，子女不远游，应守在他们身边，嘘寒问暖，尽孝道。即使不在父母身边，也要让父母知道你对他们的孝心，不要让父母忙活了半生，到后来还是孤苦伶仃。

【温馨提示】

1. 在物欲横流的社会，每天都有各种欲望的诱惑，我们就像不停运转的机器。匆忙中是否已淡忘了最珍贵的亲情？父母无私、无欲和无声的爱，如夜空中的明月，轻柔地洒在儿女身上。当我们读出父母的牵挂，品味出深深的懊悔，躁动的心是否能安静呢？

2. 记住："树欲静而风不止，子欲养而亲不待。"

3. 人世间最难回报的是父母的恩、父母的情，孝顺是我们可以让人喜欢的法则。

在老人赡养院的公布栏贴着一篇文章：

孩子！当你还很小的时候，我花了很多时间，教你慢慢用汤匙、用筷子吃东西，教你系鞋带、扣扣子、溜滑梯，教你穿衣服、梳头发、拧鼻涕。这些和你在一起的点点滴滴，是多么地令我怀念不已。所以，当我想不起来，接不上话时，请给我一点时间，等我一下，让我再想一想……极可能最后连要说什么，我也一并忘记。孩子，你忘记我们练习了好几百回，才学会的第一首娃娃歌吗？是否还记得每天总要我绞尽脑汁，去回答你不知道从哪里冒出来的问题？所以，当我重复又重复说着老掉牙的故事，哼着你孩提时代的儿歌时，体谅我。让我继续沉醉在这些回忆中吧！切望你，也能陪着我闲话家常吧！孩子，现在我常忘了扣扣子、系鞋带，吃饭时，会弄脏衣服，梳头发时手还会不停地抖。不要催促我，要对我多一点耐心和温柔，只要和你在一起，就会有很多的温暖涌上心头。孩子，如今，我的脚站也站不稳，走也走不动。所以，请

你紧紧地握着我的手，陪着我，慢慢地。就像当年一样，我带着你一步一步地走。

看吧！为人子女的你若无法体谅父母，他们就很可能在痛苦中度过，在黑暗中逝去……愿我们都能以反哺之心奉敬父母，以感恩之心孝顺父母。

4. 孝顺并不是要你做很多，一句温馨的问候，一碟可口的菜肴，睡前帮他们盖被子，天冷帮他们添衣服，这些就足够，并不需要你一直在他们身边或用金钱孝顺。你现在怎样孝顺你的父母，你的子女以后也会怎样孝顺你，为了给你的子女树立榜样，好好孝顺父母吧。

5. 孝顺父母最大的难度是"色难"，也就是千万不要给父母脸色看。纵使他们曾经对不起你，但毕竟还是你的父母，现在他们大多已上了年纪，即使现在他们和你有了冲突，也要多对他们笑一笑，多理解他们，让他们感觉到有你这个孩子是他们今生最大的幸福。

6. 人们讨厌不孝顺父母的人，每个人都知道要孝顺父母，但并不是都能尽孝道。有人说，为父母买房子，让他们衣食无忧，如果需要给他们请保姆，等等。其实，这些只能做到外安其身。孔子说："今之孝者，是谓能养。至于犬马，皆能有养。不敬，何以别乎？"所以，孝顺父母要从心里开始，要在当前，不要等到明天，要马上行动。

不要耍小聪明

【话题切入】

如果有人问你，你是喜欢聪明的人还是喜欢傻子，你一定会说聪明的人。有时，适时的糊涂，长远看，未必不是一件坏事。

第四章 让别人喜欢你，还是有理由的

【成功案例】

有位小孩有人同时给他五毛和一元的硬币，他会选择五毛。有个人不相信，拿出一元和五毛的硬币让小孩选择其中一个，结果小孩挑选了五毛的硬币。

这个人好奇地问小孩："难道你不会分辨硬币的币值吗？"

小孩小声回答："要是我选择一元，就不会有人再和我玩这个游戏了！"

【专家剖析】

的确如此，要是小孩选择了一元，很显然，就没有人会想再继续跟他玩下去了，小孩得到的只有一元。但是，小孩选择拿五毛，把自己装成傻子，而傻子当得越久，得到的比所谓聪明人拿到的会多得多。这就是小孩的聪明。

很多人常有不拿白不拿、不吃白不吃的贪婪心理，这种贪婪不但损害别人的利益，还会使别人对你反感。也许有人可以容忍你的行为，不在乎你的贪，可是懂得适可而止，他会对你有更好的印象和评价，也愿意延续与你的关系。

人是具有灵性的动物。然而再聪明的人也会犯傻，再精明的人也会失算，再理智的人也有糊涂的时候。人活着，总会做错事、走错路、说错话。

郑板桥说"难得糊涂"，含义深远。难得糊涂，有时或许是件好事；难得糊涂，可能会造成伤害，带来一辈子的遗憾。难得糊涂，有糊涂的好处。太聪明的人，让人不敢接近；太精明的人，让人觉得害怕；糊涂的人，让人看到缺点，进而放心和他交往。

难得糊涂有诸多的解释，每个人对糊涂的理解各有不同。世上怪事很多，有时很难处理，装糊涂也未必是坏事。可是人生不能总是糊涂，清醒地面对现实才能适应社会，正确地处理好发生的问题。糊涂，只能难得，也要尽量减少。偶尔犯点小糊涂，无碍大事。可时常犯糊涂，就是一件大事，要避免。

糊涂也能给人们带来很多益处。首先，能够减去生活中不必要的烦恼。在我们身边的人，不管是熟识，或萍水相逢、偶然相遇，都难免会产生摩擦，造成烦恼。若斤斤计较，会越想越气，既于事无补又对身体无益。要是做到遇事糊涂些，烦恼自然会少，心情也自然好。

其次，能够集中精力做一件事。人的精力有限，假设一直在个人待遇、名誉、地位上兜圈子，或把精力花在钩心斗角、玩弄权术中，就会对工作、学习与事业的发展产生不利的影响。世上所有有成就者，大多在处世方面该糊涂时则糊涂。

还有，有利于消除人和人之间的隔阂。糊涂的人老实憨厚，平易近人，容易相处，不容易产生是非。

每个人都想让自己活得自然、自由、自在，都想让自己过得潇洒、愉快、轻松，都想让自己的事业蓬勃发展、财运亨通，都想成为他人羡慕的对象，如此就需要我们学会培养自己"糊涂"的本事。

【温馨提示】

1. 人是精明好还是糊涂好？每个人的见解不同。精明是多数人所追求的，糊涂是多数人力图避免的。但是，想避免不见得就避免得了，所以常有"弄巧成拙"的尴尬时候。既然会弄巧成拙，不如索性糊涂些，还可以少些难堪。

2. "尽管星星都有光明，却不敢比太阳更亮。"《阴符经》说："性有巧拙，可以伏藏。"可知善于伏藏是制胜的重点。假设一个人不懂得伏藏的道理，即使能力再强，智商再高，也无法战胜强大的对手，甚至可能会招来麻烦。杨修喜欢在曹操面前显聪明,锋芒太露不知收敛,最后死于曹操手下。

3. 在某些人眼里,老实和愚蠢可以画上等号。其实不然,老实是大度、宽容的表现,是生活中永不坠落的太阳,是获得朋友的良方,是走向成功无坚不摧的武器。

4. 在交际场合有时候不可把自己表现得过于精明,让自己适时的糊涂是好事,太过清楚反而不好。有时,睁一只眼闭一只眼是为人处世的好方法。

5. 盛极则衰,真正聪明的人不管是优点或缺点,都不会发挥到极致。

6. 聪明不是不好,但聪明过头必然会招致祸端。人们还是喜欢聪明的人,但太过聪明让人防不胜防。我们要讨人喜欢,不一定要傻里傻气,有时聪明点更好,但不可太过,以免因为耍小聪明而造成不必要的悲剧。

广泛的兴趣与爱好

【话题切入】

人们喜欢多才多艺的人。如果一个人只会一项专长,往往容易吃闭门羹,多才多艺的人容易有更大的发展余地。想要培养自己多方面的才能,就要有广泛的兴趣与爱好。你要明白,你爱好什么、喜欢什么。如果你不清楚,就很难培养多方面的才能,往往在一个领域不行后就很难进入另一个领域。

【成功案例】

李莉是舞者,经常在各种场合表演,但她的舞蹈不是很优秀。在一次表演中，李莉的腿部受了重伤，这对她来说无疑是致命的打击。腿是她吃饭的工具，不能走路，以后怎么生活？这让李莉陷入恐惧中。

护士发现李莉能说会道，便建议她到电视台应征。李莉说她的腿受伤了，一定不会成功。护士安慰她，一个多月后就可以走路了，但是想登上舞台起码得半年以上。半年？李莉惊呆了，这将会是一段很难熬的岁月，她需要养活自己，半年内她总得做些事情啊。护士的亲戚在电视台工作，知道电视台刚好缺人，于是建议李莉去碰碰运气，李莉的口才棒，一定能成功。李莉考虑了很久，最后听从护士的意见。

一个月后，李莉在电视台露了面，当主持人，她凭着经验和口才，进步神速，主管都对她刮目相看。李莉的节目收视率逐渐提高，李莉晋升又加薪。半年过去了，她拥有了大量的粉丝。主管问她是否还想回到舞台，李莉说，在这里很好，不想离开。

李莉结婚后，除参加文艺活动，家里的大小事务都亲自处理。李莉是贤妻良母，她涉猎很多，包括音乐、绘画、诗词歌赋，等等。还生了一个聪明的女儿。李莉说，多懂一点比不懂强，人生有些难以预料的事情，在其他条件下生活，必须要有生活的根本，千万不可不学无术。

【专家剖析】

李莉从舞者到电视台主持人，乍看这两个行业毫不相关，李莉却都做得有声有色，这说明在社会上生存，仅靠一项专长或技术很难生活。现在社会需要多才，一个人在某项技能达到出神入化的地步固然好，然而各领域的顶尖者毕竟是少数。因此，建议你多掌握技术，对日后的生存与发展很重要。只有掌握得多，无论到哪里都能安然地生存。每门不需要多精，有的浅尝辄止，有的可做进一步的深入。

【温馨提示】

1. 现在社会提倡多才多艺，多才多艺的人受欢迎。有才华就各方面展露，成功离你可能只是一步之距。

2. 平时不一定要在自己的专业里钻研，有时走另一条途径，可能会令你及早获得丰收的成果。

3. 天才的秘密在于强烈的兴趣和爱好，以及由此产生的无限热情。兴趣是勤奋的动力。"所有智力方面的工作都要依赖兴趣。"有人研究过，如果一个人对自己的工作有兴趣，工作的积极性就高，就能发挥其全部才能的80%～90%；如果对工作没有兴趣，工作积极性就低，只能发挥其全部才能的20%～30%。难怪德国作家歌德说："如果工作是一种乐趣，人生就是天堂。"

4. 兴趣与爱好可以无限，但最好不要漫无目的，起码要有一个你想努力为之奋斗的主要目标。比如深挖一口井，累的时候，到其他地方看看风景，你可能会及早把井挖得更深，及早挖出井水来。

5. 不要抱怨命运不公，不要抱怨自己平庸，就算你有太多的爱好也不一定能成功，如果你报着无所谓的态度，说不定在某一天会有意想不到的成功。

6. 人们喜欢有各种才华的人，生活才有滋有味。

常怀同情心

【话题切入】

同情，是一种社会本性，每个人都要有同情心。趾高气扬，只管过自己奢侈生活的人，不会被人们所喜爱；同情弱小、帮助需要帮助的人，会成为别人喜爱、感激的对象。

【成功案例】

晟睿是成功的商人，他年幼时生活贫困，经常吃不饱穿不暖。晟睿从小立下志愿，等他将来有钱，要救济穷苦的孩子。

现在，晟睿身价百万，他没有过着奢华的生活，依然朴素，把省下的钱用来帮助贫苦的孩子，有时遇到可怜的人也会帮助他们。

以前和他一起打拼的哥儿们说："晟睿，你这是何苦呢？自己辛苦打拼挣来的钱，却拿来和别人分享。"

晟睿说，他富裕了，希望其他人也要跟着富有起来。因为他有一颗同情心，要是同情心没了，他不知道该怎么活。

晟睿收养了十几个孩子，每个孩子都很幸福。记者采访晟睿时，他说，照顾这些孩子虽然不是他的责任，但是他不忍心看到世上还有人无法生存，只要还有需要帮助的人，他就会不吝啬自己的同情心。

由于晟睿的热心助人，让他受到了政府的关注，政府颁赠"热心助人"奖章给他。

晟睿的事迹广为人知，他受到了人们的拥护与爱戴。

【专家剖析】

晟睿富有同情心，因此广受欢迎，成为人们的表率。没有同情心的人不会懂得人世间的真爱，不会赢得人们的喜爱。有一天当他需要帮助的时候，没有人会向他伸出援手，他才会知道真爱存在的意义，开始后悔莫及，却发现为时已晚。所以，无论何时都要心存同情心，不要对没有你好的人置之不问，说不定哪天由于某些原因，你比他们还要窘迫，他们已经过着好日子，想想你曾经是那么的冷傲，那么的不可一世，那么的没有同情心，他们本来想帮助你，但想起你的过去，还会帮助你吗？

第四章　让别人喜欢你，还是有理由的

【温馨提示】

1. 什么人需要同情？一是命运悲惨的乞讨者，一是生活无法自理的残疾人士。当然，还有各种需要我们特别照顾的人。你具有同情心，你就很慈善，别人面对你，也不舍得伤害你。

2. 有些人不必同情他们，像青年壮士不工作，只想走歪门邪道，坑抢拐骗，不必同情他们，忏悔或许是他们改过自新的唯一的最好办法。

3. 你可能时常会遇到有些人以各种手段骗取你的同情，当时你不知情，后来才发现上当受骗，以后遇到这样的情况要多藏一个心眼，免得让坏人得逞，给了他们可乘之机。

4. 有人说，人本来就不应该有同情心，现在人心难测，谁知道他是真的需要帮助还是伪装的？不想通过劳动就获得成果的人普遍存在，能不能分辨出来就要看你的眼光了。这样的人不值得帮助，免得同情心被利用。

5. 优胜劣汰，适者生存，可怜者自有其可悲之处，可悲者自有其可恨之处。

6. 人们喜欢善良的人，富有同情心的人是善良的，他把自己本来的给予他人，他会赢得别人的喜爱，他的事迹也会被传为美谈。

真诚待人

【话题切入】

人生在世要真诚待人，骗子不招人喜欢。即使骗取了别人的信任，也经不起事实的验证，假的东西总是昙花一现。

【成功案例】

从前有位贤明的国王，把国家治理得井井有条，深得人民的爱戴。然而他膝下无子女。随着年龄的增长，他决定在全国挑选一个孩子收为义子，培养成未来的国王。

国王挑选义子的标准很独特，他给全国每个孩子发下一些花种子，并宣布谁能用这些种子培育出最美丽的花朵谁就可以成为他的义子。

孩子们领回种子后，开始精心培育，从早到晚浇水、施肥、松土，都希望尽快培育出花朵来，使自己成为幸运儿。有个男孩叫雄日，他每天精心地培育花种，十天过去了，半个月过去了，花盆里的种子连芽都没发，更别说开花。

国王决定观花的日子到了。所有孩子都盛装打扮站在街边，各自捧着开满鲜花的花盆，用期盼的目光看着缓缓巡视的国王。国王环视着争奇斗艳的花朵与漂亮的孩子们，并没有像大家期待的那样高兴。

穿过人群，国王看见端着空花盆的雄日。他低着头站在那里，国王把他叫到面前，问："你为什么端着空花盆？"

雄日哽咽地述说他如何精心培育花种却不发芽的经过。这时，国王的脸上露出开心的笑容，他把雄日抱了起来，高声说："孩子，我找的就是你啊！"

"为什么？"大家疑惑地问国王。

国王说："我发下的种子是煮过的，所以它们根本不可能会发芽开花。"

捧着鲜花的孩子们都低下头，不禁为自己的不诚实而羞愧。

【专家剖析】

雄日因为诚实，成了国王的继承人。有些人不诚实，以各种手段骗取人们的信任，表面上对你甜言蜜语、百般依顺，一旦得逞，就扬长而去。记住，防人之心不可无，知己虽是千载难遇，即使有人和你志趣相投，当站在同一条船上时，未来如何很难预测，他能否对你真诚还要经过时间的考验。

【温馨提示】

1. 骗子表面上风光，其实他们的生活可能很痛苦，整天活在恐惧中。因此，与其采用不当的手段，前怕狼后怕虎，不如坦荡做人，赢得别人的喜欢。

2. 要是你以为假的东西可以蒙蔽一时，用假象可以获得暂时的利益，你就不再存在真实，因为假的欺骗行为会让你上瘾。虽然你也知道，你在欺骗别人之后会露出原形，但还是禁不起利益的诱惑，一生会活在欺骗中。你失去了真诚，假的东西会化为乌有，某天你会突然发现，你所剩下的只是良心不安。

3. 人生在世不可不诚实，靠骗术行世不会长久。诚实是招人喜欢的品德，欺骗者真正欺骗的对象是自己。

4. 如果你被欺骗了，不要懊悔，也不要自暴自弃。这个时候的你可能脆弱，需要别人的安慰，要是受伤的只有自己就泰然处之吧。或通过法律等有效途径维护自己的权益，或坐看云起时，让时光淡去你的悲伤。

5. 许多年轻人为了取得蝇头小利，挥霍了自己的人格和名誉，他们本来打算做更大的事，只是不诚实让他们采用极端的手段，虽然获得了一时的满足，长久下来，他们会失去很多，令人可悲。

6. 真诚是高贵的品格，就算你没才也不帅，只要你真诚待人，会收到意想不到的喜悦。

正确对待"面子"

【话题切入】

丢脸、要面子、脸皮厚、体面、留点面子、看我的面子等,已成为日常生活和人际关系的语言。

有的人因为注重面子丢掉更多,有的人却因为丢脸赚足更多的面子。

【成功案例】

西汉初年,北方匈奴首领冒顿弑父自立为王,威震邻国东胡。为了限制匈奴的发展,东胡国不断挑衅,企图找借口来灭掉匈奴。

西北部草原上的匈奴人以强悍善骑著称。匈奴国有一匹千里马,全身上下没有一根杂毛,皮毛油黑发亮如软缎,日行千里,曾为匈奴国立下汗马功劳,被视为国宝。东胡国知道后,派使者到匈奴国想要这匹宝马,匈奴群臣认为东胡国太无理了,全都反对。

足智多谋的冒顿一眼看穿东胡的企图,但他并没有表露出来。他心里明白,舍不得孩子套不着狼。于是,冒顿忍痛割爱答应满足东胡国的要求。他告诉臣子:"东胡之所以要我们的宝马,是因为和我们是友好国家。我们哪能因为区区一匹千里马而伤害与邻国的关系呢?"于是他把宝马送给了东胡。

冒顿表面上不和东胡作对,暗地里开始壮大实力,希望有朝一日将丢的面子找回来。

东胡国王得到千里马,认为冒顿生性胆怯,就更加狂妄起来。他听

第四章　让别人喜欢你，还是有理由的

说冒顿的妻子很漂亮，又起了邪念，派人去匈奴要纳冒顿的妻子为妃。

冒顿的妻子端庄贤淑，年轻貌美，深得民心。匈奴群臣听到东胡国王如此羞辱他们尊敬的王后，气得摩拳擦掌，发誓要与东胡决一死战，冒顿更是气得咬牙切齿，如果他连自己的妻子都保护不了，还算是男人吗？况且他是国王！然而又转念一想，东胡之所以三番五次使他丢脸，主要是东胡的力量比匈奴强大，小不忍则乱大谋，一旦发生战争，匈奴的实力尚不济，很可能战败，还是再忍让一回吧。等以后有了合适的时机，再与东胡算总账。

因此，他强作欢笑，劝告群臣："天下女子多得是，东胡只有一个。岂能因为区区一个女人伤害与邻国的友谊？"就这样，他又把爱妻送给了东胡国王。

随后，他召集群臣，分析东胡气焰嚣张的原因和国家的形势，鼓励群臣内修实力，外修政治，发誓以后要将丢的面子找回来。群臣听了冒顿的话，按照冒顿的要求兢兢业业地治理国家，发誓日后要雪国耻报仇恨。

东胡国王轻易地得到千里马和美女，更认为冒顿真的怕他，于是更加骄奢淫逸，整日灯红酒绿，寻欢作乐，不理朝政，国力逐渐衰弱。东胡国王毫无自知之明，第三次派人到匈奴索要两国交界处方圆千里的土地。

这时的匈奴经过冒顿及群臣多年的治理，政治清明、实力雄厚、兵精粮足、百姓安居乐业，实力已远远超出东胡。

东胡派来使臣，冒顿召集群臣商议，群臣不了解他的态度，都沉默着。有人耐不住这可怕的寂静，想到之前两次的事，就试探地说："友谊可能重于一切，我们就送给他们千里土地好了。"冒顿一听，怒发冲冠，拍案而起，振振有词地说："土地乃社稷之根本，岂可割与他人！东胡国王霸我皇后，索我土地，实在是欺人太甚！是可忍，孰不可忍。

现在天赐良机，我们要灭掉东胡，以雪国耻！"说完亲披战袍上阵，众人同仇敌忾，一举消灭毫无防备的东胡。

【专家剖析】

冒顿最后雪了国耻，赚足了更多的面子，这说明丢脸从短期来看不是好事，可是从长远来看，也并非是坏事。为了找回丢失的脸，我们必须努力进取，勤奋工作，壮大实力，最终才能将丢的脸再找回来。

【温馨提示】

1. 面子有时的确无价，它代表人的尊严，失去尊严的人一文不值。面子有时的确该弃，因为厚脸者得到的远比尊严更宝贵。

2. 与人交往要审时度势，准确地把握事情的弹性，才能达到最佳状态。此外，还要注意：

（1）当你在社交场合受到冷遇时，千万不可发作，要多想一想你的职责、使命，为了完成任务，必须增强自尊心的承受力。

（2）你花了很大的心血做一件事，本来希望受到肯定，结果得到的却是全盘否定，这时你肯定会受不了，可能会为了面子当场反驳、争辩，甚至争吵。但你错了，因为用这样的方式维护自尊和面子，不仅不利于事情的进展，还会使事情恶化，何不接受现实呢？

（3）当别人批评你时，特别是当众批评，你会很难为情，觉得脸上无光。此时，你要努力理解这种批评，采取虚心的态度，这样不但不丢面子，反而会改变他人对你的看法，大大改变对你的印象。

（4）不要感情用事，努力约束自己的言行，无论受到什么刺激都要沉着冷静，不冲动，必要时要抑制欲望，忍受身心痛苦，抑制消极情绪，表现高强度的耐性。现在只是一时，长久才是永远，为了追求长久的利益，有时候我们需要将现在的面子适当舍弃。

3. 在现今日益重视名誉的社会，脸皮薄的人很看重面子，但不妨改变看问题的角度，应该看到比面子更重要的东西，比如事业、家庭、工作、友谊等。

4. 有的人爱面子，但不能为了面子放弃一切。有时，为了现实的利益，暂且放下眼前的面子，说不定以后会赢得更足的面子。

面子是别人给的，你也要给别人面子。待人处世要留有余地，给别人台阶下，退一步海阔天空，你尊重别人，别人也会尊重你，彼此都有面子。

施比受更快乐

【话题切入】

人们都喜欢接受却不喜欢给予，殊不知，你不想给予，别人也不愿意给予，那谁给予你呢？所以，若你愿意给予而不贪图回报，别人能从我们的给予中得到快乐，你也会快乐、幸福。

【成功案例】

银行家华莱士先生，有天下班回家，看到一个小男孩在他名贵的房车旁转来转去。他似乎很想用手摸，又害怕会被斥责。男孩看到华莱士先生，惊慌失措，结结巴巴地说："先生……我……我不是想偷车。"华莱士先生微笑着说："没关系，想摸就摸吧！"

小男孩兴奋极了，露出羡慕的神情摸着车门，问道："先生，这是您新买的车吗？"

"不是，这是我哥哥送给我的生日礼物。"华莱士回答。

小男孩惊讶地睁大眼睛，问："你是说，这是你哥哥送你的，而你不用花一毛钱？"

华莱士点点头，小男孩更激动了："天啊！您可真幸福啊！我也希望……"

华莱士原以为小男孩要说的是也希望能有这样一个大方的好哥哥，没想到小男孩说的却是："我也希望自己能当这样的哥哥，要是我弟弟能有这样一辆车，他该多开心啊！"

男孩天真的话感动了华莱士，他问："你想不想坐我的新车去兜兜风？"

小男孩惊喜万分地答应了，随后加上一句："先生，能不能麻烦你把车开到我家前面？"华莱士微微一笑，答应了小男孩的要求。他知道小男孩一定是想坐着这样豪华的车子回家，好让朋友看到他神气的样子。

到了男孩家门口，男孩礼貌地说："先生，麻烦您稍微等我一下好吗？"得到华莱士的同意后，小男孩跳下车，跑进屋里。不一会儿他搀扶着年纪更小的弟弟走出来。他的弟弟因患有小儿麻痹症，走路一瘸一拐，十分艰难。男孩把弟弟扶到房车前，开心地说："弟弟，你看见了吗？就是这位先生送我回来的。这辆车是他哥哥送给他的生日礼物，他不用花一毛钱。将来有一天，我也要送给你一辆一模一样的车子，这样你就不用这么费力地走路了。"

华莱士终于明白男孩如此热爱汽车的原因，他的眼睛湿润了。他走下车，将男孩的弟弟抱到前座，又让小男孩坐上汽车。华莱士用这辆新车，带着小兄弟俩游遍了大街小巷，度过了一个让他们终生难忘的夜晚。

【专家剖析】

许多人讲求回报，不愿意给予，占有欲太重，因此活得不快乐。小男孩虽然贫困，他能把一切所有给予弟弟，他是快乐的。华莱士帮助小男孩和他的弟弟不求回报，华莱士也是快乐的。

生活中不要总是想着"我能得到多少"，而要不断地思索"我究竟做了多少，让别人得到了多少"。因为给予比接受更令人快乐，喜欢帮助别人的人，会从被帮助者的快乐中找到快乐。

人生有舍才有得，要想得到别人的喜欢就必须先对别人付出。因此，无论是亲情、友情，还是爱情，只要肯给予就要毫不吝啬，这样才能真切地体会到给予所带来的幸福。

【温馨提示】

1. 给予是快乐的根源，快乐可以分享，你将快乐带给别人，你获得的东西就越多。如果你只想取得，谁给予你呢？

2. 舍弃过多的贪念，多为别人做点事情。但对别人的如意也要合理接受，这样才是正常的人际交往。

3. 在人与人的交往中，谁都不喜欢那种将什么都分得清清楚楚，不让自己吃一点亏的人，因为这种人让人觉得非常累。同样地，在亲戚间的交往中，有些人对亲戚要求十分苛刻，总是尽量想对自己有好处，一旦亲戚有了困难，却不去关心和帮助，甚至避而不见，这是典型的世俗习气，并不足取。

4. 要想得到别人的好处，必须先给人好处。所谓"有舍才有得"，用这种方法来取得优势，不失为不错的策略。"予"与"退"是手段，"取"和"进"是目的。所谓"君子不言利，利就在其中"，这句话可以说是"先予后取，以退为进"的精髓。只要能领会其中的含义，在事业的发展中就不难成功。

5. 人们喜欢默默付出的人，不喜欢斤斤计较的人。你默默地付出，随着时间的推移，等他们感觉到你的付出在他们心中的分量，他们就会感谢你，比喜欢你还要多。

尽量做个完美的人

【话题切入】

每个人都喜欢完美无瑕的事物，然真实的完美无瑕少之又少。当然，为了让自己更优秀，表面的掩饰是必要的。

【成功案例】

季敏霞暗恋天乐，天乐不仅外貌俊朗，而且性格阳光，才华出众，是校学生会干部，还打得一手好篮球，所到之处"花见花开"。季敏霞对天乐的爱慕，如滔滔江水，川流不息。但她没有胆量向天乐表白，只能暗中祝福他，希望他能找到才貌双全的女友。然而，天乐始终是一个人，让季敏霞大为不解。难道他眼光太高？

季敏霞经过打听才知道，要做天乐的女友必须达到他的要求。他不喜欢徒有虚表的女孩，纵使是漂亮、可爱又有气质的淑女，如果不贤惠、不孝顺，永远和他无缘。

季敏霞既贤惠又孝顺，但由于不漂亮又缺少才华，所以一直不敢向天乐开口。随着爱慕与日俱增，睡梦里都是天乐的身影，季敏霞终于忍不住了。有一天她终于去找了天乐，然而准备开口时，千言万语却不知从何说起。天乐淡然一笑，从这次的谈话中，天乐决定让季敏霞做他的女友。季敏霞没想到，因为她的贤惠、孝顺赢来了白马王子的中意。天乐告诉季敏霞，他理想的伴侣是贤惠又孝顺的女人，只有这样的女人才能相伴一生。

季敏霞和天乐成了男女朋友，形影不离，让大家都大为震惊。大家

第四章 让别人喜欢你，还是有理由的

议论纷纷。天乐说，我不完美，其实我有很多缺点，如果加上敏霞的贤惠、孝顺，我想，我应该会是个合格的人。大家听了，报之以热烈的掌声。

现在，季敏霞和天乐已经步入婚姻的殿堂，共同营造他们的幸福家庭。

【专家剖析】

再完美的天乐总有缺点，而季敏霞贤惠、孝顺，恰恰弥补了他的缺憾，他认为自己和季敏霞是完美的结合。

如果你没有才，长得也不好看，那么就在你的品德、修养上多加完善。你的优点会和那个懂得欣赏你的人达到和谐的境界，让你们彼此更优秀、更突出，这只有你们才能享受的特殊待遇。

【温馨提示】

1. 每个人都希望完美，但完美的人毕竟少数。如果你不够完美，就要弥补自己的缺点，让别人认为你确实是完美的化身。

2. 女人爱漂亮，男人爱潇洒，爱美之心人皆有之，想成为受人尊崇的人，无论外在还是内在的修养，都应该好好的充实，增强实力，用事实证明，你不是只用来观赏的。

3. 爱屋及乌，一个人喜欢你可能喜欢与你相关的任何事物，因此你要让你自己和与自己相关的事物尽量变得完美。

4. 你永远做不到最完美，但你可以去追求，天长地久，久而久之，你就是众生中最完美的那个人了。但不要因此而自鸣得意，甚至得意忘形。人们讨厌高高在上、不知天高地厚的人。

5. 喜欢一个人不需任何理由。无论你出生时是什么样的人，都是天赐的精灵，就算你不完美，总会有一些闪光点让别人喜欢你。

善于分享与合作

【话题切入】

给你一根钓竿、一篓鱼，你会选择哪一个？要是在饥饿难耐的情况下，让你和朋友共同选择，而且只能选择其一，你会怎么做？

【成功案例】

有两个饥饿的人遇到一位长者，长者给了他们两样东西：一根钓竿和一篓鲜活的鱼，让他们任选其一。其中一人要了一篓鱼，另一人则要了一根钓竿，随后就分道扬镳了。

得到鱼的人在原地用干柴搭起篝火煮了起来，鱼熟了之后他狼吞虎咽，还没有品尝出鲜鱼的味道就把鱼吃完了，也喝光了汤。不久，他便饿死在空空的鱼篓旁。拿到钓竿的人则继续忍饥挨饿，提着钓竿一步步艰难地走向海边，但当他看到不远处那片蔚蓝的海洋时，他最后的力气也用完了，只能带着无尽的遗憾撒手人寰。

后来，又来了两个饥饿的人，他们同样得到了长者恩赐的一根钓竿和一篓鲜鱼。只是他们并不像前面两人各奔东西，而是共同商定一起去寻找大海。他们每次只煮一条鱼，经过遥远的跋涉，终于来到了海边。之后，两人开始了以合作捕鱼为生的日子。几年后，他们都过着幸福安康的生活。

【专家剖析】

此案例中，前面两个人不幸都离开了人世，因为他们不善于分享与

第四章　让别人喜欢你，还是有理由的

合作；后面两个人得以生存，因为他们明白分享与合作的意义。歌德说："人不能孤独地生活，人需要社会。"任何人只有通过与周围人的共同合作才能获得生命中的成就，独自一个人必定无法完成。即使一个人跑到荒野中隐居，远离人群，仍然需要依赖自身以外的力量才能生存下去。因此，你要善于和周围的人分享与合作。

【温馨提示】

1. 人是群体的动物，不能离群索居。我们要充分考虑现状，善于和人合作、分享，将彼此的长处结合起来，共同迎接生活的挑战，才可能避免陷入生存绝境。

2. 处于紧张状态的人往往企图处处争先，就连在公路上开车也不甘人后。对他们来说，一切都是竞争，非赢即输。但生活除了竞争，更多的是合作与分享。性情孤傲、孤高自诩者，往往吹毛求疵，拒绝与他人合作或分享。他们将自己隔离，成为孤立者；也就是说，在他们抛弃别人的同时，也同样被别人抛弃了。

3. 胸襟狭窄、习性怪癖、喜欢挑剔的人，或许头脑聪明、才能卓越，并抱有创建宏伟事业的远大志向，但最后必然一事无成。因为这种人的致命缺陷是不能容人，不能和人同甘共苦。他们性情孤傲、刚愎自用，对人吹毛求疵，拒绝与人合作，不善于与人分享。他们虽然生长在大千世界，却是漂流在一个自我的孤岛与荒漠上。虽然这种人的能力高强，但人们在选择交往或合作时，仍然不会看中他们，他们最终会被抛弃。

4. 我们不要对人太挑剔，要善于与人分享、合作，以免遭受别人的拒绝和抛弃。卡耐基说："一个人事业上的成功只有15%基于他的专业知识，85%要靠人际关系即与人相处与合作的能力。"

5. 与人相处，关系要好，分享与合作能促使彼此的融洽，如果把

自己搁在山的一边，只会看到一面风景，无法领略山的另一头是什么。正如萧伯纳说："倘若你有一个苹果，我也有一个苹果，而我们彼此交换这些苹果，那么你和我仍然是各有一个苹果。但是，倘若你有一种思想，我也有一种思想，而我们彼此交换这些思想，那么，我们每人将有两种思想。"

6. 让别人喜欢你，同样的事情不要一个人独担，有难同当有福同享才是真正的朋友，人生遇到任何风雨时才能一起面对，彼此关爱、帮助。

第五章

让别人喜欢你,以后还得明白

你为博得所有人喜欢发愁吗?想想,人们都想让人喜欢,都想集万千宠爱于一身,却往往不如预想。要是过于苛求,就不会快乐。有些人讨厌你,你不要为此郁郁寡欢,把你优秀的一面展现给他们看,他们会逐渐转变对你的印象,慢慢会喜欢上你。

金钱、事业、爱情

【话题切入】

人们每天奔波着，为名？为利？有人说，有了金钱什么都有了。是这样吗？

【成功案例】

王明和巧巧是夫妻。王明积极上进，对巧巧照顾得无微不至。巧巧在一家外企上班，每个月都有固定的薪水。他们的生活非常节俭，因为他们除了自己的家庭外，王明的爸爸是残疾人，巧巧每逢周末都要买些日用品去看他、照顾他。

巧巧公司的经理爱上了巧巧，向巧巧求婚，许诺给她荣华富贵的生活，不必再和王明受苦。巧巧当场拒绝，她说，爱情不是能够用金钱买来的。巧巧认为，王明有事业、有上进心，虽然他现在和经理的地位相差很远，但婚姻不是一时而是一辈子的事，巧巧不会离开王明的。

巧巧鼓励王明，王明也力求上进，不辜负巧巧的期望。若干年后，王明事业慢慢有了起色，也有了钱。

【专家剖析】

巧巧不被金钱迷昏了头，找到了正确的归宿。钱是社会化的产物，人们经由各种渠道赚钱，但如果为了金钱而忘记自我，沉浸在金钱的幻想虚构中，必然会成为金钱的奴隶。许多人为了金钱出卖感情，虽然一时得到了私欲，获得金钱的满足，却不会长久。

正确看待自己，金钱够用就好，事业、爱情、名誉、自尊，才是人生重要的追求。

【温馨提示】

1. 相信金钱万能的人，会为了钱而做出任何事。而其后果很有可能是抱憾终生，一辈子活在金钱的诱惑中欲罢不能。

2. 在饥荒时给你一杯咖啡、一袋面包或金山银山，你会选择什么？选择咖啡、面包可以生存下来，选择金山银山会因饥饿而富有地死去。

3. 有人说你是穷光蛋，你不卑不亢；有人说你没有志气，你会发火。在面对金钱的诱惑时，许多人愿意为金钱赴汤蹈火，实在可悲啊。人一旦受到金钱的牵引，他的一生就别指望有什么成就了。

4. 女人没有金钱但要有才，男人没有金钱不能忘本，同样可以受到众人的喜爱。一个正义有君子气度、王者风范的人，你必然会赢得大家的喜爱。

5. 做一个受人喜欢的人吧！不要被金钱奴役了，要把金钱变成你的工具。

你无法取悦所有人

【话题切入】

你为博得所有人喜欢发愁吗？想想，每个人都想让人喜欢，都想集万千宠爱于一身，却往往不如预想。要是过于苛求，就不会快乐。

【成功案例】

詹妮是服装设计师，在公司很受欢迎，但还是有些人不喜欢她，这让詹妮耿耿于怀，一个月下来消瘦许多。同事问她怎么了，詹妮说，她没有想到有人不喜欢她。同事说，每个人的爱好、出身环境不同，不可能赢得所有人的喜爱。詹妮还在犹豫，同事又说，世界上就连最杰出的伟人也会有人不喜欢他，并建议詹妮不要为此伤神。

听了同事的建议后，詹妮变得快乐开朗了许多。没想到，她的转变让原本不喜欢她的人也开始注意她了。詹妮认为，与其让所有人喜欢，不如做好自己，这样就算自己不是很优秀、很突出，但她很积极地做自己，使得原本不喜欢她的人逐渐对她改观，开始喜欢上她了。

【专家剖析】

詹妮变快乐了，要是她一直苛求所有人的喜欢，她永远都无法快乐。记住，我们无法取悦所有人，每个人的爱好不同，我们只要把自己做好，最后别人也会喜欢上积极的你。

【温馨提示】

1. 有些人讨厌你，你不要为此郁郁寡欢，把你优秀的一面展现给他们看，他们会对你的印象大大改观，慢慢会喜欢上你。

2. 不要刻意去取悦所有人，有人不喜欢你就随他。免得讨不了别人的喜欢，又伤了自己。

3. 不必太在意别人的眼光，不要试图让所有人都满意，因为不可能所有人都喜欢你。对于讨厌你的人，不要和他们计较，免得让自己不快乐。

4. 向别人证明你是最棒的，即使他不喜欢你，也要让他明白，你很优秀，会有理由让他喜欢你的。

5. 努力做好自己，就算你不是很优秀，那些原本不喜欢你的人，由于你越来越突出也会喜欢上你。

6. "我无法给你成功的公式，但能给你失败的公式，那就是试图让每一个人都满意。"很多人浪费许多时间和精力去取悦别人，而不是集中在自己的希望和梦想上。当你不刻意追求别人的喜欢，当你努力充实自己，静下心来修炼自己，只要你够优秀，自然会有越来越多的人喜欢你。

改变别人的审美观

【话题切入】

有时你引以为豪的事情别人却很反感，怎么办？如果你认为自己确实已经很完美了，又急切需要别人给你认同，如果别人不认同，你可以通过改变他们的观念来认同你、接受你。

【成功案例】

李天德是影视演员，但他演的不是丑角就是反派角色，因此并不讨人喜欢。加上他天生的大门牙，更加不受人欢迎。虽然他很努力，是很出色的演员，依旧有人不喜欢他。

几年的演艺生涯让李天德明白，男人不帅很难在娱乐圈混下去。而他本来就不帅，再打扮也很难帅起来。但他并不希望自己帅，他对自己很满意，他认为丑的角色对观众更具吸引力。他的演技非常精湛，到了出神入化的地步。后来李天德明白，自己的优势不能割去，他要改变观众的审美取向，变喜欢花美男为喜欢丑角男。

在接下来的戏剧中，李天德故意展现出与众不同，恶搞自己的形象，让观众捧腹大笑。李天德认定了丑角，他要做一个好演员，丑角也可以让人喜欢。果然,由于幽默、滑稽的风格和过硬演技,他逐渐风靡全国,越来越多的人把他当做偶像。虽然李天德不是美少年,但他终于赢得了大量观众的喜欢。

从李天德一开始,观众逐渐喜欢上丑角,开了丑角的先河。有人问他,是否会改变以前的形象。李天德说,与其正派大气凛然,不如反派丑角更能发挥他的实力,更能让观众喜爱。

【专家剖析】

每个人的身上都会有些特殊的优势,如果你的优势别人不认同,不要放弃,想办法让别人朝你靠近,改变他们的审美取向,让他们喜欢你与众不同的一面。

李天德不刻意改变自己而去改变观众的审美观,最后深受欢迎,这说明了只要你愿意努力,没有干不成的事。如果他不喜欢你的发型、不喜欢你说话的语气,除了改变自己去适应他们,也可以通过改变他们来适应自己。

【温馨提示】

1. 人不是生来就是花美男、潮流女,卓别林因为丑角而成了风靡全球的演员。

2. 审美观不是固定不变的,你也可以通过努力改变大家的审美观,让别人从不喜欢你变得喜欢上你。

3. 如果实在无法改变别人,就不要强求,改变自己是最简单有效的方法。

4. 每个人都爱美,如果你够优秀、突出,别人没有不喜欢你的理由。

5. 多给别人喜欢你的理由,展示自己优秀的一面,就算他原本不喜欢你,最后也会为你的优秀所倾倒。

顺其自然

【话题切入】

日出日落，潮起潮落，是自然现象。大自然的一切都有其规律。

【成功案例】

一只小毛虫趴在一片叶子上，用新奇的目光观察着周围，只见各种昆虫欢歌曼舞，飞的飞，跑的跑，唱的唱，跳的跳，到处生机勃勃。只有它，可怜的小毛虫，被抛弃在旁，既无法跑，也不会飞。

小毛虫费了九牛二虎之力才能挪动一点点，当它笨拙地从一片叶子爬到另一片叶子上时，它觉得自己像是周游了全世界。

尽管如此，它并不悲观失望，也不羡慕其他动物。它知道，每个人都有各自该做的事情。它，一只小小的毛虫，要学会吐纤细的银丝，编织一间牢固的茧房。小毛虫一刻也不迟疑，尽心竭力地做着工作，临近期限时，把自己从头到脚裹进温暖的茧子里。

"以后会怎么样？"与世隔绝的小毛虫问。"一切都将按自然的规律发展。要耐心些，以后你会明白的。"小毛虫听到一个声音回答。

时辰到了，小毛虫清醒过来，但它已不再是笨手笨脚的小毛虫，它灵巧地从茧子里挣脱出来，惊奇地发现自己身上长出一对轻盈的翅膀，上面布满色彩斑斓的花纹。它高兴地舞动双翅，像一团绒毛从叶子上飘然而起，它飞啊飞，渐渐消失在蓝色的雾霭中。

【专家剖析】

大自然的一切都有其发展的规律与方向，顺其自然是长久之计。如果你提前用剪刀把茧子剪开，小毛虫会变成蝴蝶吗？当然不会。每个人都有自己的想法与追求，人是自然的动物，顺其自然才能过得潇洒、惬意。

【温馨提示】

1. 顺其自然，一切按自然的规律发展。做好自己的本分，不悲观失望，不羡慕别人，平静地对待自己的生活，既有充实收获，又不失精彩。

2. 顺其自然是最好的绝活，不抱怨、不叹息、不堕落、胜不骄败不馁，奋力前行，走属于自己的路。成事在天便是顺其自然。只要你努力了，问心无愧已足矣，不奢望太多，也不事事失望。

3. 顺其自然不是随波逐流，而是弄明白自己的人生方向，踏实地朝目标走。

4. 顺其自然不是宿命论，而是在遵守自然规律的前提下积极探索；顺其自然不是没有作为，而是有所为，有所不为。

5. 有时候在某些非原则性的是是非非前，无须去澄清，时间是最好的证明，顺其自然，让事情像什么都没发生一样。

6. 如果想让别人喜欢你，就必须无视人与人之间的琐事。有些人常烦恼，因为他们太在意别人对自己的看法，所以闷闷不乐。但虽然不能随时让别人相信你的清白，至少可以训练自己，使自己不轻易被别人的言行所影响，只要做到了任天空云卷云舒、看庭前花开花落，别人自然会接受你、喜欢你。

第五章 让别人喜欢你，以后还得明白

知足者常乐

【话题切入】

你快乐吗？你常不满于现状吗？你想快乐吗？如果你不去苛求，做好自己你就会快乐。如果你一味不满足，就会弄得伤痕累累，目标无法达到，还会生活在不快乐中。

【成功案例】

1936年，美国好莱坞影星利奥·罗斯顿在英国一次演出时，因患心肌衰竭被送进了伦敦一家著名的医院——汤普森急救中心，因为他的疾病起因于肥胖，当时他体重385磅，尽管抢救他的医生使用了当时医院最先进的药物和医疗器械，但最终还是没有能够挽留住他的生命。他在临终时不断自言自语，一遍遍重复道："你的身躯很庞大，但你的生命需要的仅仅是一颗心脏。"

汤普森医院的院长为一颗艺术明星过早地陨落而感到非常伤心和惋惜，他决定将这句话刻在医院的大楼上，以此来警策后人。

1983年，美国的石油大亨默尔在为生意奔波的途中，由于过度劳累，患了心肌衰竭，也住进了这家医院，一个月之后，他顺利地病愈出院了。出院后他立刻变卖了自己多年来辛苦经营的石油公司，住到了苏格兰的一栋乡下别墅里去了。1998年，在汤普森医院百年庆典宴会上，有记者问前来参加庆典的默尔："当初你为什么要卖掉自己的公司？"默尔指着刻在大楼上的那句话说："是利奥·罗斯顿提醒了我。"

117

后来在默尔的传记里写有这样一句话："巨富和肥胖并没有什么两样,不过是获得了超过自己需要的东西罢了。"

【专家剖析】

的确,多余的脂肪会压迫人的心脏,多余的财富会拖累人的心灵。因此,对于真正享受生活的人来说,任何不需要的东西都是多余的,他们不会让自己去背负这样一个沉重的包袱。人如果想活得健康一点儿、自在一点儿,任何多余的东西都必须舍弃。

老子《道德经》说:"知足不辱,知止不殆,祸莫大于不知足,咎莫大于欲得,故知足常乐。"孟子说:"养心莫善于寡欲。其为人也寡欲,虽有不存焉者寡矣;其为人也多欲,虽有存焉者寡矣。"都是在说知足常乐。

知足常乐,每个人皆知,然有几人能做到?许多人由于不知足,贪心过重,为外物所役使,终日奔波于名利,时常感到抑郁沉闷,体验不到人生的乐趣。

知足者才能常乐。俗话说:"人心不足蛇吞象。"人的欲望无止境,如果任其发展膨胀,必将后患无穷。人有了贪欲就永远不会满足,不满足就会感到有所欠缺。"任何目标的达成,都不会带来满足,成功必然会引出新的目标。正如吃下去的苹果都带有种子一样,这些都是永无止境的。"因此,除非你真正懂得常乐的秘诀,否则将永远不会满足于所拥有的。

【温馨提示】

1. 我们常劝人"知足常乐"。其实,满足于现状并不是不思进取。"君子有所为,有所不为。"我们对事业要孜孜以求,对名利之事则不必太计较,随遇而安为好。

第五章　让别人喜欢你，以后还得明白

2. 不知足，贪心的可怕，不仅在于它会摧毁有形的东西，还会搅乱你的内心。你的自尊、你所遵守的原则，都可能会在贪心面前垮掉。人的知足与不知足，都是由比较而来。人的欲望如同黑洞，没有填满的时候，如果任其膨胀，会生出许多烦恼。因此，多看不如自己的人，一切不平之心也许就会安宁。

3. 人的能力与精力有限，环境决定了你的生活。但你眼高手低，非要达到无法达到的目标，就只会给自己带来无尽的烦恼。所以，要懂得知足常乐，放弃不切实际的"一步登天"的痴想，这时你也会感觉身体轻盈，心情轻松，快乐自然光临心田，脸上荡漾着笑容的涟漪，你会看到人生的一切是多么的纯净与美好。

4. 试想，如果一个人连饭都吃不饱，他就不可能拥有快乐的心情。而那些因为拥有巨大财富却整天无所事事的人，尽管金钱能满足他们的愿望，但他们所拥有的并不是真正的快乐。真正的快乐是我们站在人生每级台阶上的幸福感。简单来说，就是在你不断地付出和收获时，所得到的精神上的满足，这种满足可以在每件小事上得到验证，像是别人不经意的赞美、对你笑、你独立完成一道难题、一项工作等，这些都可以构成你生命中的快乐。

5. 知足常乐是受前提条件所限制。在各种创新的问题上我们不能知足，因为只有创新才是社会前进的动力。没有创新，就只能原地踏步；没有创新，也许我们现在还停留在刀耕火种的生活里，不会有现在的物质和精神文明。

6. 人生的诱惑很多，有太多的东西是我们想要而未必能得到的。怀着知足感恩的心看待周围的人事物，你的生活幸福指数将会不断地攀升。

当你孤单落寞时

【话题切入】

欢乐不会长久，谁都难免有孤单的时候，当孤单落寞的时候你会怎么办呢？如果这时你很失落，看不清自己，你将很难走出低潮的旋涡。要是你能忍受孤单，明白"伟大是熬出来的"你将不再孤单。

【成功案例】

吴先生是业余画家，一直很努力，有时也很懒惰，他希望自己的作品能得到别人的认同，为他带来名誉。然而，吴先生几次推荐自己的作品，都被拒绝。对方的回答很简单，他还不是优秀的艺术家。因此，他必须忍受孤独的煎熬，在沉寂中创作更具灵感的作品。吴先生很失落，待在家里，沉浸在孤单落寞之中。

他开始静下心来念书、喝咖啡、创作。一段时间后，吴先生打算放弃坚持，他找到艺术家协会，希望可以找到快捷方式。负责人告诉他，一个好的艺术家必须经过孤单落寞的煎熬，没有任何快捷方式。

吴先生回到家，思来想去，无法理解为什么人类要和孤单落寞作伴？难道不忍受孤单落寞就没有突出的成效吗？人生在世可以碌碌无为，也可以轰轰烈烈。吴先生本来家境优越，无须努力就可以一生富足，然他不希望自己是败家子。吴先生的祖先一直是生意人，未曾出过艺术家。到他这一代，他的兄弟姐妹大多从商，只有吴先生酷爱绘画，因此他希望自己在艺术上有作为，却又忍受不了艺术家孤单落寞的煎熬。

第五章　让别人喜欢你，以后还得明白

吴先生想，要是再拖延下去，他始终无法成为好的艺术家。经过深思，吴先生决定就算没有欢声笑语、没有鲜花掌声，他还是要忍受下来，他开始沉醉在绘画创作中，他要让人知道，他是画家。

这一过程很煎熬，吴先生坚持下来了。一年又一年，窗外花儿谢了又开，开了又谢，不知到了哪一年，当吴先生再走出家门时，已老了十几岁，他看着自己如此出色的画作，吴先生满意地笑了。

功夫不负苦心人，吴先生在画坛一举成名，成了大师。当记者采访他时，他说，成功没有秘诀，谁吃的苦多，谁能忍受寂寞，谁就能成功。

【专家剖析】

吴先生因忍受孤单和寂寞而成功。可知，欢娱只是片刻虚无缥缈，好东西转瞬即逝，在你来到世上的那天起，就要忍受孤单落寞的煎熬。孤单落寞不是通病，而是人生特有的风景线，没有谁能避开它。

孤单落寞有时是一种美，当你孤单落寞的时候，可以有更多时间来思索人生的意义。贾宝玉长期在优越环境中生活，大观园的人来人往，笑语纷飞，也抵挡不了最后面临家败人亡的苦痛，他终于明白什么才是真正的人生。

每个人都避免不了孤单落寞，在孤单落寞的时候，正是你最有营养的时刻，你可以去思索，可以去体会，更进一步完善你的人生。

【温馨提示】

1. 当你孤单落寞的时候，坐在窗台前，看花开花落，听鸟语溪声，什么事也不做，静静地待着，让烦恼在时间的洗涤中消失殆尽。

2. 当你孤单落寞的时候，不必去计较，就算人生失去太多，也有其价值与意义，不属于你的不要强求，属于你的不会跑掉，你只要做好

自己，不争名夺利，不唉声叹气，放开胸怀就会看到人生最美丽的景致。这时，你不再是锱铢必较的人，你是思想家，去留无意，创造属于你的生活。

3. 当你孤单落寞的时候，想一想到底为什么你会到这种地步，不必悔恨，不必抱怨，力争上进，你会走出孤单落寞的包围，重拾你所想要的生活。

4. 孤单落寞不是人人都可以享受的福分，在孤单落寞的时候，不同的人、不同的事有不同的结局。看淡孤单落寞，它可以激发你的灵感、催你上进。

5. 当你孤单落寞的时候，可以找亲朋倾诉，排遣心中的不快。孤单落寞是孕育的蓓蕾，如果你期望春天的再次萌芽，要是没有冬天，恐怕永远做不到。

6. 当你孤单落寞的时候，喜欢你的人依旧喜欢你。当孤单落寞成为一种时尚一种久远，你一抬头，阳光月光依旧灿烂，曾经不喜欢你的人也会喜欢你，因为你已经有理由让他人喜欢你。

成功的快捷方式

【话题切入】

有人说，成功没有快捷方式，必须经过某些步骤才能成功。然而，成功还是有快捷方式的。

【成功案例】

阿蒙是歌手，一个人在都市中闯荡，他要赚钱养父母。除了唱歌，

第五章　让别人喜欢你，以后还得明白

其他事情阿蒙几乎不会做。阿蒙打算往演艺圈发展，但他没有亲戚、没有朋友。阿蒙怀疑自己能否成功。

有一天，他遇到了一个人，这个人对阿蒙说，他已经有足够的能力和天赋，现在缺少的是发现他的伯乐，如果他继续这样下去，很可能一辈子平庸。尤其对歌手来说，没有人推荐，没有人给他一片天，想出人头地是很难的事。

阿蒙的心凉了下来，怎么办？他彷徨不已。不久前，他认识某唱片公司的老总，阿蒙原本不想和他套关系，但为了前途，他思虑再三，最后还是找到唱片公司的老总。

这位老总并不知道阿蒙的实力，他一直认为阿蒙很平凡，把他当成一般的朋友。当他听到阿蒙倾情唱歌时，发现了阿蒙的实力。曲罢，阿蒙还没开口，老总已说要推出阿蒙，将阿蒙包装成明星。阿蒙兴奋极了，之后十分努力地学习，有演唱会都去观摩，汲取经验，之后，阿蒙走红了，出了个人的第一张专辑。

【专家剖析】

成功者也是善"借"者，他们能够巧借他人之力达到目的。所谓"借"，就是善于抓住不同人的特点，赢得别人的支持，借别人的力量成就自己的事业。当然，这些人成事速度之快，办事效率之高，让人望尘莫及。阿蒙以唱片公司为平台，才以较短的时间成就了自己。要是阿蒙独自摸索，他的成绩不会进展如此快速。所以，该借的要借，该攀登的攀登，当大好时机来临时一定不要让它溜掉！

【温馨提示】

1. 成功除了全靠自己还要善于借势。如果你聪明点，巧借他人的力量，同样可以成功，赢得别人的尊重。

2. 按部就班的成功对年轻人来说才是长久。然而韶华不再，出名要趁早，如果不动用你的人脉，可能等你成功时已是暮年！

3. 年轻人如果想及早成功要寻求快捷方式，韶华短暂，善于"借用"别人的智慧或能力，才能让青春永驻。

4. 学会包装自己，把自己推销出去，如果想要及早成功，还是让相关的人士注意你，有时一个好的靠山，胜过你几十年的努力。

5. 想让别人喜欢你就要让人及早发现你，你现在成功，人们会及早关注你。如果到了晚年才成功，算是大器晚成，但喜欢你的人可能不会很多。

6. 墨守成规不是好对策，你本来可以及早成功，不要因为别人的一言一行而耽误一生。

把最美的瞬间留住

【话题切入】

你想让别人记住你吗？如果想，就要把你最美的瞬间留给他们，让他们记住你美好的一面。展示你完美的一面，别人会记住你。

【成功案例】

小倩是歌星也是演员，她人长得漂亮，嗓音特别甜。小倩知道，想要让观众喜欢她，必须把最美好的瞬间留给观众。于是，拍照时，小倩都会很注意，希望观众能记住她最完美的一面。

拍戏时，一个动作或一个镜头，小倩会反复练习多次，希望能把最精彩的画面呈现给观众。平常清闲时，小倩爱摄影，经常将美丽的景色拍摄下来放到微博上，与大家分享。在观众心中，小倩是最美丽的演员、歌星，无可挑剔。举办演唱会时，已经30多岁的小倩看起来仍像20岁，她会精心打扮，展现甜美的歌声与舞姿，使歌迷与观众感动又疯狂。

小倩待人热忱，为人诚恳，大家都喜欢她，她的生活、工作却接近完美。喜欢她的人依然喜欢她，不喜欢她的人越来越喜欢她。对她的成功，她说，人生由无数个细节组成，每个细节都做到无懈可击，那么你就会是受欢迎的人。

【专家剖析】

小倩总是把她最美的瞬间留给观众，使别人记住她的美与纯真，所以受到了那么多人的欢迎与喜爱。人生的美好如昙花一现，似流星划过夜空，来匆匆去也匆匆。

世上有些东西让人捉摸不透，像谜一样，谁也不知道一生过后会留下什么印象。有人即使做出成就也默默无闻，有人即使没有丰功伟绩，照样牢记在人们的心底，久久难忘，永远怀念、追忆。

【温馨提示】

1. 要是你现在还年轻，就多拍些照片到老了留念；把美好记录下来，留下美好的瞬间，供以后回味。

2. 要是别人总是拒绝你，表示你还不够优秀，需要在细节上更求完美。

3. 反复把每项步骤做好，让别人无法挑剔你，让别人都夸赞你。

4. 一次格外的显眼，可能遇到你人生的伯乐或知己，从此改变命运。

5. 瞻望历史，每个让人记住、怀念的人，都在历史上留下了精彩记录。如果你各项都很平凡，那么你注定平凡一生；如果有特别的闪光点，总会发出光芒。

6. 人们喜欢你是喜欢你的点点滴滴，你的每个动作、举措都会让人们难忘。

太阳每天都会升起

【话题切入】

日出而作，日落而息。如果你曾未感觉到身边的快乐，你会很盲目。

【成功案例】

麦克与盲人在街头相遇，出于热心和同情，麦克主动上前去帮助盲人。

"叔叔，请问您要去哪里？我可以帮您吗？"麦克问。

"不用了，我可以独自去我想去的地方。"盲人不是特别友好地回答。

麦克心中不免有些失落和伤感，他的真心被拒绝了。

盲人似乎感觉到自己语气的僵硬，于是回头向麦克致歉："孩子，谢谢你的热心，我眼睛虽然失明，心中却有一条通向光明的大道。"盲人边说边迈出坚定有力的步伐以证明给麦克看。

麦克心中还是不解，麦克的迷惑被盲人看穿了。"孩子，告诉我，今天的太阳是不是和昨天一样，很大，光芒四射地照耀着大地？"

"是的，今天天气很不错，您是怎么知道的？"麦克迫不及待地问。

第五章　让别人喜欢你，以后还得明白

"孩子，我虽然看不到太阳放射出来的光芒，但阳光仍然照耀在我身上，至少我可以感觉到它的温暖。"盲人的话让麦克惊呆了，当他醒悟过来时，盲人已走远了。盲人远去的高大、挺拔背影在麦克的脑海中定格。

就在这一刻，麦克明白了，其实真正需要怜悯的是自己，不是盲人。麦克每天看着太阳从东方升起，却从未觉得欣喜，原来真正的光明，是人们心中对生活的热爱，对生命的希冀。

【专家剖析】

盲人心存阳光，所以感受到温暖。你和麦克一样，是正常的人，所以要相信：无论黑夜多么漫长，总能看到太阳升起的时候；无论严冬多么寒冷，总能目睹春暖花开的季节；无论生活多么艰辛，总能开辟一条光明的大道。心胸开阔才能让万丈阳光洒照而来，才能博得他人对你由衷的崇敬。

【温馨提示】

1. 你不能轻易地悲观绝望，你之所以看不到光明，是因为你闭上了眼睛。要知道，黑夜再长，太阳总会有升起的时候。

2. 也许你正经历年复一年日复一日的上班、下班、吃饭、休息的生活，或许你觉得这样的生活枯燥乏味、单调无趣，让你已经厌倦，于是你变得慵懒、散漫，甚至消极、颓废，内心充满悲观绝望。假若你失去了对生命的感知，生活之火会随之熄灭。那么，每天看看太阳升起，聚精会神地看太阳如何点燃一天的希望，或许你会从中纠正对生活的看法，进而积极起来。

3. 凡事往好处想，人生可以没有名利、金钱，但必须拥有美好的心情。

4. 当你渴望每天都有好心情时，是否尝试过每天早上起床时给自己一个对美好心情的期盼，并用这种期盼来鼓舞、激励自己。这确实是非常不错的主意，每天都坚持下去，使其成为习惯，你会发现心情越来越好，幸福的感觉也越来越强烈。

5. 有谁一生都活得春风得意，一帆风顺，无波无澜？没有。每个人的世界里都有残缺，命运如一叶颠簸于海上的小舟，时刻会遭受波涛无情的袭击。"万事如意"只不过是美好的祝福，在生活现实面前显得如此苍白。因此，你要学会忘记，忘记以前生活中不如意事带给你的阴影。只要退一步想一想，带给人类光明的太阳也有黑子，月亮也有阴晴圆缺，你就能渐渐忘记昨天的不快，坦然面对今天的太阳，微笑地迎接明天的生活。

6. 人们喜欢心中充满阳光的人，阳光的人生，阳光的心态。

第六章

让别人喜欢你,要懂得低调一点

每个人都希望拥有殊荣。有些人当被竞争者超越时,就变得意志消沉、精神委靡,做事毫无生气。要知道,"山外有山,人外有人",你在没有更优秀者协助的情况下,必须效仿更优秀者,否则跟不上时代而被淘汰。

山外有山，人外有人

【话题切入】

每个人都希望拥有殊荣，但有的人一旦被竞争者超越，就显得意志消沉、精神委靡，做事毫无生气。要知道，"山外有山，人外有人"，你在没有更优秀者协助的情况下，必须效仿更优秀者，以防跟不上时代而被淘汰。

【成功案例】

朱超是商人，忙于各大商场货物的订购。有一天，某商场的老板忽然致电朱超，要取消彼此的合约。这让朱超觉得莫名其妙，忍不住问老板原因。老板说，他提供的货已经跟不上消费者的需求了。这下朱超为难了，老板的拒收，让他损失严重。更糟的是，其他商场也陆续要求和他取消合约，这让他陷入更大的危机与困顿中。

朱超开始反省，为什么他的货物会被淘汰？他从商场的回馈中知道，原来他提供的货物已跟不上时代，消费者需要更新的物品。朱超又做了一番调查研究，他知道想要改变现状，必须向成功者学习。然而，商人大多是以利益为前提，朱超很难有其他正义上的朋友。考虑了许久，朱超决定效仿更优秀者。

经由对更优秀者的学习，朱超逐渐有了进步，他知道不效仿优秀者，终有一天他将丢掉饭碗。

经过一段时间后，朱超拥有了更丰富的经验，他找到之前的商场老板，希望再次和他们合作。商场的老板半信半疑，但对朱超的真诚很信

第六章 让别人喜欢你，要懂得低调一点

任，因此答应再给他一次机会，条件是要是货物还是迟迟卖不出去，朱超必须赔偿商场的损失。朱超应允，交易于是再次展开。

果然，不出朱超所料，商场的货物大批被购买，甚至供不应求，各商场的老板乐得合不拢嘴。问朱超是什么原因，朱超说，要想不被淘汰，赢得大家的认同，就要让自己更优秀；如果有一天不再优秀时也不要灰心，只要能向更优秀者学习，也可能比他还优秀。记住，只有不断让自己变得优秀，才能立足于职场和社会。

【专家剖析】

朱超效仿优秀者有了可喜的成果。可知：如果你不够优秀，又没有更优秀的人当导师，你可以试图效仿优秀者。模仿也是一种本事，把别人的东西消化成为自己的，久而久之，各方面知识的累积，你会越来越优秀。

谁强谁就会被模仿，如果你被模仿了，说明你有一定的实力。如果你觉得力不从心，还需要从别人那里学习点什么，那就大胆地去学习更优秀者吧。当你不够优秀时很可能会被淘汰，谁都不希望自己被淘汰，想要长久立足，展现自己最好的一面，要向更成功的人学习。

【温馨提示】

1. 效仿是一种本事，懂得向优秀者效仿的人永远不会被淘汰。

2. 生活上需要效仿，学习上需要效仿，因为成功不只是个人的因素，还必须汲取其他人的营养，博采众长才能更优秀，才能赢得更多人的关注，才会有更多人投来欣羡的目光。

3. 当你不够优秀就有不足，要让人喜欢你，除了你具有先天优势外，也要效仿别人的好，让各种知识装进你的脑袋，你会成为更优秀者。

4. 当你不够优秀时，自怨自艾或置之度外无济于事，唯一的办法就是使自己变得更优秀。也许有人很平凡，看似简单的外表却渴望不平凡，谁不希望有一天能站在某一领域的峰巅，有鲜花掌声、有喝彩，那种万人敬仰的感觉何等美妙。然而，能走到这个顶端的人毕竟少之又少，成功者与非成功者间的差别，在于成功者除了靠自己，还善于效仿别人的长处，为己所用，达到可望不可即的顶端。

5. 效仿要有对象，要向更优秀的人学习，应该知道效仿什么更重要，对粗劣、低俗的，有必要拒之门外。你应该知道，只有效仿优秀的人才能让自己更优秀。

6. 模仿成功，凡人可以成为伟人；模仿成功，可以开辟另一条先河。而这主要的关键在自己，因为命运掌握在自己手里，你可以抱怨命运，更可以改变自己，借此让自己更优秀，成为你希望的人。

争强好胜易坏事

【话题切入】

你是否无比蛮横？别人是否讨厌你？如果别人也是一副盛气凌人的样子，天大地大，唯我独尊，让你觉得气势汹汹，你会怎样？

【成功案例】

在安徽省桐城市的西南一隅，有一条全长约180米、宽2米的巷道，当地人称之为"六尺巷"。

据作家姚永朴《旧闻随笔》和《桐城县志略》等史料记载：清朝名臣张英便住在这里，张英历任礼部侍郎、兵部侍郎、工部尚书、翰林

第六章 让别人喜欢你，要懂得低调一点

院掌院学士、文华殿大学士、礼部尚书等职，名声显赫，桐城人习惯将他称为"老宰相"，其子张廷玉称为"小宰相"，父子二人合称为"父子双宰相"。

当年张英家和一户姓吴的人家比邻而居，房屋之间有块空地被吴家给占用了，张家的人就送信给张英，让他出面干预。张英看罢来信，就写了首诗给家人，诗上说："一纸书来只为墙，让他三尺又何妨。长城万里今犹在，不见当年秦始皇。"家人见书明理，遂撤让三尺，吴家见此情景深感惭愧，亦退让三尺，这样张吴两家之间就形成了六尺宽的巷道，后人称为"六尺巷"。

【专家剖析】

张英轻启朱毫，四两拨千斤，简简单单的几句诗，就化解了原本剑拔弩张的邻里矛盾，为时人亦为后人做出了谦逊礼让、与人为善的绝好榜样。

事实上，张英的做法不仅是与人为善，而且他身居官场，处处都是陷阱，步步都得小心，正如古人所说，如临深渊，如履薄冰。稍不留神，就可能遭遇灭顶之灾，顷刻之间，身毁人亡。所以张英从大局着想，还是忍让为好，免得事情闹大了，虽然不至于当时影响他的前途，但从长远来看，未尝不是个祸患。让他三尺，不仅化解了无形的隐患，又解决了邻里的纷争，实在是一举两得。

【温馨提示】

1. 有一句真理："软的怕硬的，硬的怕不要命的，不要命的怕厚颜的。"虽然这表面上看似强者得胜，但如果强者毫无理由或据理争辩不止，最后吃亏的还是自己。

2. 话不能说得满，"得理不饶人"要不得，要知道，"理直气和"

远比"理直气壮"更能让人心悦诚服。

3. 要留一点余地给他人，给对方台阶下，凡事适可而止。

4. 每个人每天都会遇到不同的事，不可能事事都顺心，有些事情大可不必去计较。如果时常表现出咄咄逼人的气势，不会有人喜欢的。

5. 不要为了芝麻绿豆的小事和人斗嘴、斗气，要表现出君子的风度，别人会因你的大肚宽容而喜欢上你。

6. 有人太蛮横，遇到这样的人不一定要和他讲理，有时以牙还牙未尝不是好办法。

不要贬低别人来抬高自己

【话题切入】

有些人想通过降低他人的身价来抬高自己的身份，结果目的没达到反而苦不堪言。因为，企图贬低别人来抬高自己的做法是错误的行为，是行不通的，需要予以纠正。

【成功案例】

诗怡和浩博是同事，诗怡羡慕浩博的才华与能力，但苦于孤陋寡闻，常觉得在浩博面前很丢脸。

诗怡和老板走得很近，为了让自己有面子，诗怡常在老板面前说浩博的坏话，借以提高自己在公司的威信。老板因此排挤浩博，诗怡则升职、加薪。

一次，外商前来谈判，老板以为诗怡有实力，就把任务交给她。这下诗怡为难了，推辞吧，她曾经振振有词，接受呢，万一搞砸了怎么

第六章 让别人喜欢你，要懂得低调一点

办？思虑再三，诗怡最后鼓起勇气，决定去试试。

然而，结果不令人满意，这次谈判让公司损失了30多万元，诗怡受到了老板的斥责。外商说诗怡根本是黄毛丫头，不具备商务上的能力。诗怡因此被炒鱿鱼，伤心极了，只好供出事情的真相，是她贬低浩博来抬高自己。结果，老板重新重用浩博，不到一个月，公司已扭转了惨淡的经营，开始大有获利。

诗怡最后没有被辞退，因为浩博向老板求情。诗怡感谢浩博，从此不再道他人的长短，两人关系变好，公司的业绩也日益提升。

【专家剖析】

诗怡用贬低别人来抬高自己，结果遇到重大谈判时她显示出无法胜任，险遭公司辞退，浩博帮她求情，两人共同为公司添砖加瓦，最后为老板所器重。许多人为了抬高自己而攻击对手，对手也不甘示弱，以牙还牙。这样，你不服我，我不服你，闹得沸沸扬扬。双方都为了一个目的：击败你，我才是大家的偶像，看谁狠！何必呢？为了自己通过卑鄙的手段玷污别人，表面上是为自己澄清，归根结底还是自私，到后来贬低别人不成自己反落了个造谣诬陷的罪名，让原本喜欢你的人开始讨厌你、远离你，反而得不偿失。

【温馨提示】

1. 向比你优秀的人学习，不要以为这样自己会没面子。若你今天道他的长短，明天散布他的谣言，欲借贬低别人来抬高自己的身价，往往反而达不到目的。

2. 人要学精明些，不要谁损你就和谁急，有时让他去说，他知趣了也会退下来，要是他一直大张旗鼓地前进，等他休息下来给他来个措手不及，等风波再起，你已养精蓄锐、他已筋疲力尽，胜利的是你。

3. 不要去做贬低别人抬高自己的勾当，就算最后目的达到了得到的结果也是不光荣的，以后只会落下人生的遗憾。

4. 如果你被人贬低，找他理论会说不清，在背地里给他一刀并不是好的举措，干脆帮着他闹，他发现了你的意外举动，也不知你在想什么，可能闹一段时期风波就停息了。

5. 人们不喜欢通过贬低别人来抬高自己的人，只要你够优秀，哪怕别人把你说得一文不值，枪杆子上见实力，看看是他的口快，还是你的心直。当然，点到为止，切不可推波助澜，以免铸成大错。

把平凡的事做一千遍

【话题切入】

俗话说："书读百遍，其义自见。"同样地，如果我们不满足于眼前的平淡无味，能把平淡的事情锤炼到炉火纯青，就可以摆脱平淡的枷锁了。

【成功案例】

沈毅是网络作家，刚开始他常遭退稿，眼看就要没有收入了，他翻阅以前的稿件，发现有一部小说很不错，当时编辑要他修改，他没有照做就封存了。现在再看此小说，如果稍加修改，一定会是一部好小说。

于是，沈毅不厌其烦地一遍又一遍地修稿，又请朋友指教，等朋友找不出毛病时，才发布到网络上。由于这部小说语言优美流利，故事跌宕起伏，挑不出瑕疵，点击率很快就上升了，赢得出版商的关注。

第六章　让别人喜欢你，要懂得低调一点

不久，小说顺利出版，很畅销。因为这部小说，沈毅走出了生活的困境。比起以前潦草敷衍了事的完事，沈毅觉得他现在幸福多了，有了稿酬，还赢得名声，各媒体争相邀约，沈毅经常出现在电视屏幕上。

当主持人要沈毅透露其成功秘诀时，沈毅说，他的成功没有什么秘诀，只是老天会厚爱笨小孩，凡事熟悉了，熟能生巧，等到熟练后，成功自然水到渠成。

【专家剖析】

沈毅不厌其烦地修改文章，终于走出困境，成为公众人物。不凡源于平凡，每个人生来都很普通，能从平凡中走出来就已不平凡。试想，谁能一开始就逃脱平凡的命运？当你不甘于平凡，在平凡中力求上进，当量变引起质变，你就不平凡了，离出人头地的那天就不远了。

【温馨提示】

1. 做好身边的小事，一步一步，才能将平凡转化为不平凡。没有谁可以一步登天，想一下子就摘到天上的月亮那是痴人说梦话。当然，就算在山顶也很难摘到星辰，如果你不是一个一个阶梯向上攀登，你永远不会明白，当你站在山顶，会有居高临下的感觉。

2. 奇迹打哪里来？不是凭空想象，也不是偶然，命运之神的降临，机遇永远是为有头脑的人所准备。如果你天天想成为众人瞩目的焦点而不愿意做平凡的事情，必然会空欢喜一场，就算爬到峰巅，一不小心跌了下来，岂不摔得更惨？

3. 每项巨大的成果都不是一蹴而就得来的，莫泊桑千百次修改文章，才成为短篇小说之王；爱迪生失败了上千次，才发明电灯。没有平凡的累积，不会成功。

4. 《荀子劝学》说："骐骥一跃，不能十步；驽马十驾，功在不

舍。"意思是说才智平庸的人，若能努力不懈，也能赶得上聪明的人。伟人之所以伟大，因为他们做好了不平凡。当你把平凡的事做好，不厌倦地一遍又一遍，或许在不知道的某天，你已经是个名人或伟人了。要想从丑小鸭变成天鹅，让人们永远记住你，你必须经过平凡的过程才能脱胎换骨。

5. 做好平凡的事并不容易，只要你知道怎么做如何做，进一步探讨、实施，才有可能走出不平凡，当一抬头，你已站在某领域的峰巅。

6. 虽然人们不喜欢安分守己的人，但把平凡的事做好才会像脱蛹化蝶，慢慢地、不着急，最后从毛毛虫变成展翅飞翔的蝴蝶。

每天进步一点点

【话题切入】

你想进步吗？可是一步登天，往往是南柯一梦。只有一步一个脚印，坚持不懈，才能滴水穿石，马到成功。

【成功案例】

20世纪五六十年代，约翰戈达德住在美国洛杉矶，他在很小的时候就有着远大目标：到尼罗河、亚马孙河和刚果河探险；攀登圣母峰（珠穆朗玛峰）、吉力马札罗山和麦特荷恩山；驾驭大象、骆驼、鸵鸟和野马；探访马可波罗和亚历山大一世走过的路；主演一部类似《人猿泰山》的电影；驾驶飞行器起飞降落；读完莎士比亚、柏拉图和亚里士多德的著作；谱一首乐曲；写一本书；游览全世界每个国家，结婚生孩

第六章 让别人喜欢你，要懂得低调一点

子；参观月球……

他把这些目标写在《一生的志愿》表上，每个目标都编了号，共有127个目标。

然后他开始行动。16岁那年，他和父亲到乔治亚州的奥克费诺基大沼泽和佛罗里达州的埃弗洛莱兹探险。以后，他逐个实现目标，49岁时，已完成了106个目标，目前，他仍不断努力朝游览长城（第49个）、参观月球（第125个）等目标迈进。

约翰戈达德获得了探险家所能享有的荣誉，赢得了大家的尊重与喜爱。

【专家剖析】

"九层之台，起于垒土。"一砖一木垒起来的楼房才有基础，一步一个脚印才能走出一条成形的道路。

长城不是一天之内造成的，成功者的成就也都是历尽拼搏与磨难一点一滴构筑起来的。我们经常看到，很多成功者都会经历逆境。在没有良好的自身条件，没有快捷方式可走，也没有外在机会垂青的情况下，他们只好走最实在的路。因此，在选择自己的道路时，必须充分认识到这点：每个成功都需要代价，而这个代价就是时间、耐心和努力。

【温馨提示】

1. 一步一个脚印，你没有吃亏，因为你的每一步都是朝着目标迈进。

2. 任何成就都是循序渐进的。以足球为例，在赛季开始之前，球员长年累月地训练，无论耐力、爆发力、断球、停球、射门等技术，都需要不停地重复才能得到改进和完善。到了比赛当天，才能在追逐过程

中画出美丽的弧线，踢出几个精彩富有想象力的进球，赢得观众的喝彩。

3. 建造一幢大楼要从一砖一瓦开始；绳锯木断、水滴石穿都是靠点点滴滴的累积。每天进步一点点虽然慢，你的人生却是始终在向上走。

4. 在身后留下一串坚实的脚印吧。像攀登阶梯一样，有一天你会发现自己已登顶峰。

5. 人需要进步，不能后退。不能一口吃成大胖子，但可以有一个瓜熟蒂落、水到渠成的过程，这个过程是成功的关键。

6. 进步了，别人才会喜欢你，你一天天进步，别人对你的喜欢一天天加深，等到你确实优秀了，你就可以成为别人心中的偶像，甚至效仿的榜样了。

在职场上要服从命令

【话题切入】

你进入社会工作后，是否依然我行我素？要是你自以为是，会很难得到上司的欣赏，服从上司的安排做事会较顺利，若是执迷不悟，得罪上司，会吃大亏的。

【成功案例】

王经理放下电话，"糟了！糟了！"他大叫了起来："那家便宜的东西，根本不合规格，还是原来林老板的好。"说着，他狠狠捶了一下桌子，"可是，我怎么这么糊涂，竟然写信把他臭骂一顿，还骂他是骗子。

这下可麻烦了!"

张秘书站起来,不慌不忙地说:"是啊,那时候我不是说过吗?要您先冷静、冷静,再写信,您就是不听啊。"

"都怪我在气头上,想这小子过去肯定骗了我,要不然,别人怎么那样便宜。"王经理来回踱步,指了指电话,对张秘书说:"告诉我电话号码,我亲自打过去道歉。"

张秘书笑了笑,走到王经理桌前,说:"不用了,那封信我没有寄。"

"没寄?"

张秘书笑吟吟地说:"对。"

"太好了!"王经理坐了下来,如释重负,停了半晌,又突然抬头:"但是我当时不是叫你立刻发出去吗?"

张秘书歪着头笑笑说:"是啊。可我猜到您会后悔,因此压下了。"

"压了三个礼拜?"

"对。您没想到吧?"

王经理低下头去,翻了翻记事本,随后说:"我是没想到。但是,我叫你发,你怎么能压下呢?那么最近发往美国的那几封信,你也压了?"

张秘书笑得更灿烂了:"我没有。我知道什么不该发,什么该发。"

"你做主,还是我做主?"没想到王经理居然霍地站起来,沉声问。

张秘书呆住了,眼眶一湿,两行泪水滚落,颤抖、哭着说:"我……我做错了吗?"

王经理斩钉截铁地说:"你做错了!"

张秘书被记了一次小过。她好心没好报,满肚子委屈,不想再伺候这位"是非不分"的王经理了。于是,她跑去孙经理的办公室诉苦,期望调到其部门。"不急,不急。"孙经理笑笑说,"我会处理的。"隔

141

两天，张秘书一早就接到了解聘通知。

张秘书被解聘后，心里很郁闷，一个人待在家里发脾气。但当她静下来深思时才明白，她只是员工，不能替老板决定事情。

不久，到新公司上班的张秘书学聪明了，她听从老板的命令，不再自作主张，老板也很器重她。

【专家剖析】

张秘书被公司解雇后到新公司被器重，有了完美的蜕变，主要是她懂得了服从老板命令的重要性。如果你是员工，不要以为自己是老板；如果你是学生，不要认为自己比老师还了不起；如果你在创业，不要看不起已成功的人。不要自作主张，你一次的疏忽，在别人心中可能会把你一棒子打死，轻则不再重用你，重则从此分道扬镳。

【温馨提示】

1. 无规矩不成方圆。如果每个人都按照自己的想法去做事，这个世界岂不是会乱成一团吗？

2. 听从命令，上司才会喜欢你、重用你，让你有发展的空间。

3. 在你没有发号指令的实力之前，还是忍一忍吧。等你有了实力，再执行自己的命令吧。

4. 不听话的人会让人处处防范，因此不如坦荡做人，免得招来嫉恨。如果你服从命令，上司就不会提防你。

5. 你不可能想做什么就做什么，要听取别人的意见或建议。

6. 许多人不希望下属超越他，如果你是下属，锋芒太露会招来不必要的麻烦，最好注意适时掩饰锋芒，即使你的想法和做法是对的。

欺负弱小非强者

【话题切入】

在弱小者面前摆威风,证明自己的强大,不算强者;以自己之力,为目标奋斗的人,算是强者。

【成功案例】

陈子龙在学校有一伙哥儿们,经常欺负弱小的同学,耀武扬威。他以老大自居,要是谁在背后说他的坏话被逮到可就要糟了。同学都不喜欢他。

很多人都很怕陈子龙,不敢接近他。他在哥儿们中经常自夸,过着无忧无虑的日子。后来,由于得罪了外面的帮派,发生斗殴,他和哥儿们都受了重伤住进医院。医生告诉陈子龙,他可能一辈子瘫痪,他听后晕了过去。等他再醒来时,右腿已被截断,他傻了,半天说不出话来。

陈子龙度日如年,感觉生不如死。只要闭上眼,他就想起以前无忧无虑的日子,那时走到哪里谁都怕他。而现在这个样子,以后怎么出去见人?

在护士的竭力劝说鼓励下,陈子龙对生活渐渐恢复了信心。他开始读书,用来打发时间。

日子一天一天地过去了,出院时,陈子龙已成残疾人士,从此,他刻苦自励学习,后来成了哲学家。

【专家剖析】

有些人为了显风光,专门欺负比自己弱小的人,这些人可能风光一时，却痛苦一生。所以，**多搀扶弱小者，不以欺负他们为乐，他们才会喜欢你、感激你。**

【温馨提示】

1. 为了显示自己的本领，专对比自己弱的下手，虽一时得逞，到后来吃亏的还是自己。

2. 不在别人面前显示自己的威风，除非别人欺负你。低调做人，会赢得别人的尊重。

3. 不要为了争一口气而跟人争执不下或斤斤计较。如果你想显示自己的强大，首先是做好自己。纵使有人比你强，如果他知道你是好人，就算有千百个理由也不会欺负你。

4. 当别人欺负弱小时，如果你有能力，该出手时就出手。现代人的人际关系冷漠，在面对抢匪时，许多人本来可以让盗贼自首或知难而退，却因袖手旁观而让他们得逞。

5. 和弱小者做朋友，就算你不是很强大，弱小者也会喜欢你，喜欢你的为人，喜欢你的不自傲。

6. 你的强大只有通过正义的事情和正义的方式才能显示出来。

凡事量力而行

【话题切入】

如果让你摘天上的星星你能摘得到吗？不能。如果让你挖一条河你能一天内完成吗？也不能。这说明，凡事要量力而行，不可操之过急，否则如蚍蜉撼大树，等于搬石头砸自己的脚。只有按照自己的实力，一

第六章 让别人喜欢你，要懂得低调一点

步一个脚印，积少成多，才能达到预期的效果。

【成功案例】

有位声望显赫的武术大师，一直隐居深山。得知他下落的人，无论路途多远，都会不辞辛劳地将自己的孩子送到他门下，向他拜师学艺。在他的指导下，每个弟子都有很出色的成绩。

有一天，一对夫妇去深山找大师，看见他正在检查弟子挑水的分量。这对夫妇发现，每个弟子的水桶都不是满的，且参差不齐，有的多有的少，可是大师看了都不住地点头、称赞。

这对夫妇很困惑地问大师："大师，这是什么道理？他们的水桶都不满，你还称赞他们，这岂不是在纵容他们吗？这样如何能教育好弟子呢？"

大师说："挑水之道并不在于多，而在于挑出能力。一味贪多，会适得其反。"

这对夫妇更加不解了。于是，大师从众弟子中挑出一个人，让他从山谷里打满两桶水。那人挑得非常卖力，没想到刚走几步，就跌倒在地，辛辛苦苦挑来的水全部洒了，膝盖还受了伤。

大师说："你们看，因为装得太满，人摔跤了，水全部洒了，膝盖受了伤，还要重新去挑，岂不是更麻烦吗？是这样好，还是让他们量力而为比较好呢？我想通过这件事告诉你们一个做人的道理：不管做任何事情都要量力而为，只有在自己能力范围内才能将力量发挥到极限。"

这对夫妇恍然大悟，立刻让爱子跪在地上向大师磕头，并恳请大师收儿子当徒弟，教育他成才。

【专家剖析】

大师的教育方法是量力而为的典范，让他的弟子发挥各自的潜能，

培养出许多优秀的弟子，他的声誉也越来越显著。在当今社会，有些人总是急功近利，找工作时很盲目，不衡量自己的能力，不知道自己几斤几两，一心想进大企业、要求负责超过能力所及的工作，结果可想而知，任务未能完成，甚至被解雇。所以，了解自己、量力而为是明智的选择，至少不会因为做不到而落下笑柄。

【温馨提示】

1. 蚍蜉撼树是对自不量力的失败者的比喻。盲目地承担能力不及的责任和任务，是非常危险的事，会给自身带来毁灭性的打击与伤害，严重的会对社会带来灾祸，成为时代的罪人。

2. 人要了解自己的能力，做能力所及的事才能充分发挥自身的才华，才能受到他人的喜爱或认同，否则丑态百出，自己给自己切断退路。

3. 如果做不到就不要勉强，把自己的能力发挥出来，不要苛求太多，免得做不到让人笑话。

4. 现在做不到，说不定将来能做到，要有发展的眼光及怀疑的心态，并不是别人认为你做不到你就真的做不到。有时事情会出人意料之外，就算不是量力而为，采取下一步的行动，说不定由于偶然的原因，你也会一举成功。

5. 衡量自己，知道自己能做什么，不要对自己苛求太多，一步一个脚印，就像登山，最终会把别人认为不可能的变成现实。

6. 没有不可能，也没有做不到，但目前你需要循序渐进，切不可图一步登天。把你现在的实力发挥出来，天长地久，总会看到那一个你希望看到的。当然，那时你就成功了，鲜花、掌声、别人的欢呼、喜爱，无所不有。

固守原本的志向

【话题切入】

你是否有过年少轻狂的梦想？是否曾经梦想当大人物？经过社会的磨炼，你的梦想是否逐渐冷却了下来？没有实现不了的梦想，如果只是三天打鱼两天晒网，固然有大志，也始终未能成功。要是你固守志向，就算遥不可及，只要一步步去实现，积少成多，终会如愿以偿。

历史上，因固守志向而成功的事例不少，像说出"燕雀安知鸿鹄之志哉"的陈胜，最后成了起义的领袖；像司马迁致力于《史记》的撰写，鲁迅称赞《史记》是"史家之绝唱，无韵之离骚"。

【成功案例】

《史记》的作者司马迁，在父亲司马谈死后的第三年被任命为太史令。司马迁立志要写一部网罗天下的旧闻逸事，考察事情的起始终末，"究天人之际，通古今之变，成一家之言"的史书。司马迁如饥似渴地读汉室珍藏的书籍，整理各种历史资料。

有一天，上大夫壶遂来拜访司马迁。他看到司马迁埋首读书，孜孜不倦的样子，于是问："子长，听说你想写一部史书，很好啊。可那不是一件容易的事，你没日没夜地苦读不觉得太辛苦了吗？"司马迁说："先父在世的时候说过，周公死后五百年，出了孔子写《春秋》。孔子死后到现在又已五百年，应该有人能写出像《春秋》那样的书。先父去世了，我应当仁不让，承担起这件事，也不敢谦让啊。"壶遂理解了司马迁的写作意图后，高兴地点头说："子长，我明白了。你是要把这盛世的美德发扬光大，真是在做一件大好事。我祝你早日成功。"不久，司马迁开始写作，他反复研究和比较历代的史料，认真整理亲手调查的事实。经过多年的努力，一部史料翔实、叙述生动感人的《史记》诞生了。它记录远古时代的黄帝至汉武帝几千年的历史，气魄宏大，比《春秋》有过之而无不及，被鲁迅誉为"史家之绝唱，无韵之离骚"。

【专家剖析】

司马迁能抛去私心杂念，一心著书，写出凌厉百代、睥睨古今的《史记》。可见，一个人想要完成一件大事必须持之以恒固守志向，要是朝三暮四，一定成不了大事。所以，你想要在浩瀚人海中脱颖而出，就要把志向进行到底，这样梦想才能成真，否则梦想只会变成幻想。

【温馨提示】

1. 成功需要坚持，不去品尝其中的酸甜苦辣，不会有成功后的喜悦与丰收。

2. 人无大志，必有近忧。没有人喜欢委靡的人，没有人喜欢过一日算一日的人。

3. 让别人喜欢你，如果你成功了别人会更喜欢你。当然，如果你不坚持当初的志向就不会成功，喜欢你的人也可能会远离你。

4. 让别人看到你的远大目标，让他们知道你会成为一个不一般的人。

5. 志向要力求可行，不可漫无边际，而且要符合时代潮流，是积极、上进，对他人有益的。

6. 有了志向就要坚持到底，让别人明白你是有理想、有目标的人，如果你中途遇到困难，说不定默默关注你的人还会帮助你呢。

导演自己的人生

【话题切入】

伸开双手，手掌上有三条明显的线：爱情线、事业线、生命线。

有人说，注定掌握不了自己的命运。而实际上三分天注定七分靠打拼，原来你的命运就在自己的手掌中。

【成功案例】

有位年轻人对自己的未来失去信心，经常去找人算命。他听说山上寺庙有位得道禅师，便带着疑问去拜访禅师。他问："大师，请您点拨，是不是每个人的命运各不相同？"

"是的。"禅师回答。

"噢！那是不是说我命中注定要平庸一生？"他问。

禅师让年轻人伸出左手，禅师指着手掌对他说："你看清楚了吗？这条线叫爱情线，这条斜线叫事业线，另一条竖线是生命线。"然后禅师让年轻人把手慢慢握紧，问："你说这三条线在哪里？"

年轻人迷惑地说："在我的手里啊！"

"命运呢？"

年轻人顿时醒悟，原来他的命运正掌握在自己手中。

从此，年轻人积极上进，做自己的事，走自己的路，对未来充满信心，加上他想走出不同寻常的路，后来成了企业家。

到了老年，他回首来时路，不禁笑了。"原来自己掌握自己，自己给自己安排道路，真的不同凡响！"

【专家剖析】

年轻人因为知道命运掌握在自己手里，才能从彷徨到成功。莎士比亚说："世界是一个舞台，所有男男女女都是演员，都有下场的时候，也都有上场的时候。一个人的一生中扮演着好几个角色。"人每天都在上演着悲喜剧，知道命运掌握在自己手中，做自己的导演才能走出属于自己的路。要是随波逐流，注定会平庸，就算东山再起时也可能已是老态龙钟。所以，不要把命运托付给别人，自己导演自己的人生，你才有可能活出精彩。

【温馨提示】

1. 三分天注定，七分靠打拼，爱拼才会赢！

2. 人生不可能事先彩排，每天都是现场直播。你怎样导演自己的人生，你的人生就会怎么样。与其眼红别人的幸运，羡慕别人的成就，不如自导自演，让自己的人生多彩多姿。

3. 命运是自己的，没有人喜欢听从别人的指挥。

4. 无法掌控自己的命运，你可能永远只是别人的工具，为他人作嫁衣裳。

5. 不必过于乞求别人的帮助，能拯救你的永远是自己。在人生道路上自己是主线，别人只是路边的风景，在你跌倒的时候别人只能爱莫能助。

6. 做自己的导演并不是只走自己的路、做自己的事，人是社会化的产物，必须团结合作，得到他人的指点、帮助才可能活得惬意、潇洒。

第七章

让别人喜欢你，就要守德守道

许多人喜欢夸大其词，却不付诸行动，结果成事不足败事有余。要是我们能把想法付诸行动，结果就会大不同。人与人之间，不守信的人无法让人信赖。要赢得别人的喜爱，就要力求在任何情况下都要守信，以免别人今天相信了你，明天就认为你不再可靠。

背叛是不道德的行为

【切入话题】

初入社会，当你在努力勤奋工作时，却觉得上司待你不好，不要放在心上。如果在背地里抹黑上司，或私下和上司较劲，上司会把你"驱逐出境"的。

【成功案例】

小马在商务会馆上班，在所有同事中他最不受上司重视，薪水低，工作也很累。小马很不满意，曾向上司反映，上司说依他目前的水平只能这样，得一步一步来才能达到其他同事的水平。

小马很生气，面对上司只能唯唯诺诺，上司说什么他就认同什么。但是，背地里却谋划报复，他要让上司知道不重视他的后果。

小马把上司曾经给他的会馆机密泄露了出去，致使会馆损失惨重，小马却很高兴。

为了抓获泄密的罪魁祸首，他的上司装作若无其事的样子，小马聪明反被聪明误，他没有想到上司早已在暗中注意他了。

一次，小马在办公室无意中说起自己的兴奋事，上司听到了，过来质问小马。小马吓得半天说不出话来。

小马被辞退了，没有了工作，没有了收入，可是他需要生活，需要钱交房租。

小马开始找工作，由于他曾经出卖公司的行为广为人知，他找工作时到处遭到拒绝。他很伤心，一个人在大街上流浪。后来，有家公司在不知情的情况下录取了小马，小马对新工作更加勤奋，业绩大大提升，现在他已是公司很重要的人。老板见到他会大力称赞，经常把重要的事情交给他做，小马都能完成，同事都很喜欢他。

【专家剖析】

小马背叛了原来的公司而遭到解雇，他汲取了教训，在新公司力求表现而深受欢迎。由此可知背叛是良心问题，就算别人曾经对不起你，也不要伺机报复。如果一个人做了不道德的事，他最终必定会自食苦果。

【温馨提示】

1. 身为上司要对下属好一点，要不，万一他做出对不起你的事，你纵使有口也难脱责任。如果你是下属，你不满意上司的作为，也不要想歪主意对付他，要让上司逐渐认同你，你才会进步，才能在工作上站得住脚。

2. 即使别人曾对不起你，也不要给别人颜色看，要有大度宽容的胸怀。

3. 即使受到不公正待遇也不要采用报复手段，静下心来想一想，与其背叛不如去改变现状。你选择背叛，可能会给你带来不良的后果；如果采取改变现状，可能会扭转败局，你乐我乐大家乐，何乐不为呢？

4. 背叛不单纯是你和别人之间的问题，已上升到道德上的问题。如果你背叛已成习惯，你的人品明显已有问题，没有人会再相信你，不会有人再重用你。

5. 如果别人背叛你，要想办法让他认错。如果他还不知悔改，可以稍微冷落他一段时间，但不可针锋相对，以免后果不堪设想。

6. 人们喜欢忠诚的人，背叛的人不受欢迎。如果你有背叛心态，把你的想法扼杀在襁褓中吧。

不要贪得无厌

【话题切入】

人生在世，不能苛求太多，否则会成为负担。懂得适时放弃、不强求，人生将会是一片光明。

【成功案例】

相传很早以前有一位国王，名叫难陀。他非常贪心，拼命聚敛财宝，希望把财宝带到他的后世去。他心想：我要把全国的珍宝都收集起来，一点都不留。因为贪婪，他把自己的女儿放在淫楼上，吩咐奴仆说："如果有人带着财宝来求我的女儿，把这个人连他的财宝一起送到我这儿来！"他用这样的办法聚敛财宝，全国没有一个地方会留有宝物，所有的财宝都进了国王的仓库。

那时有一个寡妇，她只有一个儿子，心中很是疼爱。这儿子看见国王的女儿姿态优美，容貌俏丽，很是动心。可他家里穷，没法结交国王的女儿。不久，他生起病来，身体瘦弱，气息奄奄。他母亲问他："你害了什么病，病成这样？"

儿子把实情告知于母亲："如果不能和国王的女儿交往，我必死无疑。"

"但国内所有的财宝都被国王收去了，到哪弄钱呢？"母亲又想了一阵，说道："你父亲死时，口中含了一枚金币，如果把坟墓挖开，可以得到那枚金币，你用它去结交国王的女儿吧。"

儿子依母亲所言，挖开父亲的坟墓，从口中取出金币。随后，他来到国王女儿那里。于是乎，他连同那枚金币被送去见国王。国王问道："国内所有的财宝，都在我的仓库，你从哪里得来这枚金币？一定是发现地下宝藏了吧！"

国王用尽种种刑具，拷问寡妇的儿子，想问出金币的来处。寡妇的儿子辩解："我真没有发现地下宝藏。母亲告诉我，先父死时，放过一枚金币在口中，我就去挖开坟墓，取出了这枚金币。"

于是，国王派人去检验真假。使者前去，发现果有其事。国王听到使者的报告，心想：我先前聚集这么多宝物，想把它们带到后世。可那个死人却连一枚金币也带不走，我要这些珍宝又有何用？

从此，国王不再敛财，一心教化民众，他的国家也因此日渐兴盛。

【专家剖析】

为人，应淡看富与贵。要知道，有所求的乐，如腰缠万贯、乃至一国之尊的富贵，是混沌和短暂的；无所求的乐，即"身心自由无欲求"的富贵心态，才是一种纯粹和永恒的乐。人生中真正有价值的，是拥有一颗开放的心，有勇气从不同的角度衡量自己的生活。那样，你的生命才会不断更新，你的每一天都会充满惊喜。

【温馨提示】

1. 世上许多事情如同镜中花、水中月，明知是梦幻一场，就要及时放弃，不要死缠在手上，增加负担。

2. 人生有所得，也要有所弃。人们对财、名、利总是无法割舍，殊不知，太多的欲望只会让你跌入深渊，太多的负担只会加速迷惘，因此要懂得放弃，有舍才有得。学着放弃，就会感知生命的本质；学着用知足的心态去看云卷云舒、花开花落，便会发现生命里别有洞天。

3. 有个人在休闲时喜欢打牌、钓鱼。当他当上主管后，便远离了这两项爱好，而将时间与精力用在工作上。因此，当个人爱好可能对自己公正行使职权会有不良影响时，就要及时割弃，以免被他人利用。

4. 比尔盖茨放弃哈佛的高学位，成了世界首富；隐者放弃争名逐利的世俗，换得隐居深山的宁静与淡泊生活；红梅放弃与百花争艳，赢得傲雪凌霜的千古美名。我们把这种放弃称之为美，美在高洁、素雅。

5. 都市的人们匆忙前行，为金钱、名誉忙碌着，这样的角逐让人们身心疲惫。当你的天空不再广阔、目光不再清晰时，不要再无休止地进行追逐了，用真诚的笑脸对待周围的人，你会发现原来生活是如此的美好。

近朱者赤，近墨者黑

【话题切入】

《孔子家语》曰："与善人居，如入芝兰之室，久而不闻其香，即与之化矣。"芝兰之室比喻良好的环境。汉刘向《说苑杂言》说："与恶人居，如入鲍鱼之肆，久而不闻其臭，亦与之化矣。"鲍鱼之肆，是指卖腌鱼的店铺。比喻臭秽的地方、恶劣的环境或小人聚集的场所。可见，向什么样的人学习便会成为什么样的人；和什么样的人在一起，久而久之，也会被感染，沾染其习气。

【成功案例】

小王是业务员，他不满于现状，努力想通过一家外商公司的考核。他做了很多相关的准备，却始终没有成功。

恰巧，他最近认识一个美国老板，他便打电话给这位美国老板，寻求指导。美国老板很热情，答应了小王的请求，很快小王的能力得到提升，接着顺利通过外商公司的考核。然而，当小王要决定是否离职到外商公司上班时，他犹豫了，因为他在现在公司的人缘很好，他舍不得现在的同事。

最后，小王决定留下来，让公司知道他的重要性。小王将在外商公司学习到的一切，用在现在的工作上，让公司整体的业绩大大提升，老板开始注意起他，渐渐地，小王升职、加薪，现在已是部门经理。

小王没有骄傲，他知道，和什么样的人在一起就会成为什么样的人。放假时，他去外商公司学习，因为他虚心、耐心，外商公司的老板对他刮目相看，决定录用他。小王笑着婉拒了，他来这里只是学习，至于在这里工作，他暂时不会考虑，知道小王不忘本，不忘公司的栽培，外商公司老板对小王更加赞扬。

【专家剖析】

小王将向外商公司学习到的知识，运用到工作上，让他在现在的公司成为不可或缺的重要人物。物以类聚，人以群分，近朱者赤，近墨者黑。如果你身边没有值得学习的人，不要泄气，只要努力，也可以成为有用的人。

【温馨提示】

1. 向有修养的人请教，多多益善，多学其长处，汲取其营养，有一天你也可能达到他的造诣。

2. 和什么样的人在一起就可以成为什么样的人，并不是要你欺下媚上、见风使舵。有的人只顾往上爬，只结交高尚人士，到头来目标没有达到，身边的亲朋也得罪了，何苦呢？

3. 日常生活中多让自己可爱，虽然不大成熟，想想那些你需要结交的人，有时可爱也是制胜的筹码。我们知道，男人太过聪明让人提防，女人太过聪明也不招人爱，显现自己"笨"的一面，才可以和你希望的那些人士结交，继而成为他们那样的人。

4. 人人力求上进，你结交的人士不一定是最优秀的，他们也需要更好，你要督促他们，和他们共谋发展，去创造属于你们的一片天。

5. 学习是循序渐进，你想由愚蠢变聪明得有一个量的过程，当量变引起质变，就说明你进步了。

6. 你向别人请教得给别人理由。如果别人对你的问题不感兴趣，你可能大打折扣。如果你想要和高尚的人结交，你首先应该高尚起来。如果想跟优秀的人学习你就应该让别人明白，向他学习你有那个资本。

守信赢得信赖

【话题切入】

人与人之间，不守信的人无法让人信赖，唯有守信的人才能赢得他人的信赖。

【成功案例】

在烟波浩渺的大西洋上，一艘货轮正缓慢地行驶。此时，一个在船尾打杂的小孩不小心掉进了波涛汹涌的海里。他大喊救命，无奈风大浪急，船上没有人听见，只能眼睁睁地看着货轮托着浪花越来越远。但是，求生的本能使他在冰冷里拼命地游动、挣扎。他用尽全身的力气挥动着瘦小的双臂，努力让头伸出水面，睁大眼睛盯着轮船远去的方向，船越来越远了，直到什么都看不见，仅剩下一望无际的汪洋大海。此时，他已精疲力竭，再也游不动了，小孩突然想起老船长慈祥的脸与友善的眼神。他知道，如果老船长知道他掉进海里，一定会来救他的。他暗暗鼓励自己，想到这里，他用最后的力量向前游去。过了些时间，老船长终于发现小孩失踪了。当老船长断定孩子是掉进海里后，立即下令返航，一定要找到小孩。这时有人劝道："时间这么久了，他就是没有被淹死，也会让鲨鱼给吃了……"老船长犹豫了一下，最后还是决定回去找找看。又有人说："为一个孩子，值得这样做吗？"老船长什么也没说，下令返航去找孩子。就在小孩快要沉下去时，老船长终于赶到了，将他救起。小孩醒来后，跪在地上感谢老船长的救命之恩。船长扶起他，问："孩子，你怎么能坚持这么长时间呢？难道你不怕吗？"小孩说："我怕。但是我知道，你一定会来救我的，一定会的。"

"你怎么知道我一定会来救你呢？"

"因为你答应过我，如果我有困难，你一定会帮助我的。你一向说到做到，我相信你是这样的人。"白发苍苍的老船长听了，泪流满面地跪在孩子面前，说："孩子，不是我救了你，而是你救了我啊。我为我在那一刻差一点失去的信用感到耻辱。"

【专家剖析】

老船长守信救起了孩子，要是老船长平常就言而无信，小孩也不会相信他，更不会挣扎到最后一刻直到老船长来救他。可知，守信能赢得他人的信赖。如果凡事虚与委蛇，可能骗得了别人一时，但无法长久骗取他人。不守信，别人很难和你交往，更别说合作。

【温馨提示】

1. 诚实、守信是一个人起码应具备的道德品质。
2. 一次失信，可能失去一次良好的机会。

3. 你喜欢不守信的人吗？别人失信，给你带来的痛苦是什么？

4. 对人对事都要守信，守信能赢得对方的信赖，如果你想要和人长期合作，守信是最基本的。

5. 如果你失信了，不要找太多的借口，往往借口不是理由。

6. 赢得对方的喜爱，力求在任何情况下都要守信，以免别人今天相信了你，明天就认为你不再可靠。

说到不如做到

【话题切入】

许多人喜欢夸大其词，却不付诸行动，结果成事不足败事有余。要是我们能把想法付诸行动，结果就会大不同。

【成功案例】

小明已经工作两年了，但在业绩上都没有什么进展。小明认为，可能是他平常太喜欢夸大了，因此没有达到理想的目标，才不会被主管重视。

为此，小明认真反省自己，他决定从此不再言过其实。之后他制定目标，每天按时上班，再也不迟到。以前，小明总是对同事很冷漠，尤其对新来的同事总是爱答不理。现在不同了，无论新老同事，小明都对他们报以真诚的微笑。小明知道，这是他打动和人交往的唯一方法。果然，不久，同事们和小明都很谈得来，大家相处得很愉快。

小明以前在工作上总是马马虎虎，现在则踏踏实实，他认真地工作，注重每个环节。渐渐地，他的优点凸显出来了，自然又受到了老板

第七章 让别人喜欢你，就要守德守道

的重视，职位和业绩也跟着上升。

【专家剖析】

要是小明整天沉浸在幻想中，梦想一步登天，那是不可能的事，天下没有免费的午餐，不努力做事无法收到显著的效果。

因此，前人反复告诫我们："人最要紧的是行不是言，光是说不行，要紧的是做。"

说到不如做到，议论满天、夸夸其谈皆是镜中花、水中月，是空中楼阁，这些都没有价值。人必须在不断地行动中学习，所学到的才是实用的能力。

现在的年轻人确实有不少"清谈雅士"，他们不是把精力用来进行刻苦地学习或做各种细小平凡而实际的工作，而是喜欢说些不着边际的空话或大话，讲些怨天尤人、令人泄气的牢骚话，要么就是看什么都不顺眼，至于谈到实干却一点都不沾边。例如，有人羡慕专家和名人的才干与成就，自己却怕苦怕累，不肯下工夫，一到行动就退缩；有人喜欢谈论理想前途，又没有毅力从平凡的小事做起；有人自命不凡，却不愿意做几件实在的事，不愿扎实地努力工作和学习。

这种志大才疏的人只会在无聊和叹息中消磨自己的大好时光，逝去青春年华，最后悔之已晚。所以，从现在起不要犹豫，马上行动起来去实现自己的梦想吧。

【温馨提示】

1. 你睡在床上，听着闹钟响起，心里反复说着该起床了，该起床了，却不起身穿衣，那就总也不能按时起床。主观的意图若不通过行动这个环节，就只能停留在主观的范围内，不能与客观发生联系，也就不能化为实际的结果。

2. 人有愿望不错，有理想、有志向，更为人所敬。但光是有愿望、理想、志向是没有用的，关键在于行动。行动是达到目的的第一要素。要是整天懒散，嘴里嘀咕却不实际行动，就算有再大的志向，最终也是一事无成。事业上有成就的人不是嘴上说的而是付诸行动，如果没有行动，即使嘴上说得再好，所有的幻想也会化为泡影。只有一步一步地前进，目标才会离你越来越近。而且，行动要马上，不能拖延，因为明天还有明天的事情，千万不可把今天的事情留到明天。

3. "今日事，今日毕"，昨天的事情不要留到今天，因为今天还有今天的事情要完成，今天的事情也不要等到明天再做，因为明天还有明天的事情要做。

4. 空谈是毫无意义的事，不只误人还误事，凭空增添不少烦恼。而实干不仅充实、踏实，还心无杂念，使得人生多欢乐，坦然面对每个时刻的到来。

5. 我们喜欢把预言付诸实践并取得成功的人，光凭口头上的功夫，没有专业的实干，别人不会信任他、喜欢他的。

不强迫他人做不喜欢的事

【话题切入】

人们大多喜欢发号施令，喜欢让别人听从自己。然而，你有没有想过别人的感受？特别是在进入职场后，如果你是公司的经理，却再三地强迫下属做他不喜欢的事情，会有好成效吗？当然不会。其原因不言自明。

第七章 让别人喜欢你，就要守德守道

【成功案例】

崔文泰是业务部门的经理，他平常总是高高在上，喜欢让下属做他认为该做的事情，并且把事情抛给下属后就什么也不管了，下属经常做得一塌糊涂。崔文泰很生气，责骂下属连最简单的事情都做不好。下属解释说，把其他同事的工作交给他们，这些都不是他们原本负责的事情，要他们做，隔行如隔山，当然很难胜任。崔文泰很不高兴，更加严厉地批评下属。

崔文泰又招募一批新员工，让新员工们做他指示的工作，结果没有一个人令他满意。崔文泰一直把错误的矛头指向员工，希望他们改正，他却从不检讨自己，依旧让员工做着他们不能胜任或不喜欢的事情，使得业绩大大下滑。直到严重亏损后，才知道自己的领导方式出了问题。

于是，崔文泰调整思路，让员工尽量发挥其潜能，做他们能胜任且喜欢的事情。现在，员工有了分工，都在自己胜任喜欢的范围内，业绩很快上升，扭转了惨淡的经营，部门获得了很高声誉。

【专家剖析】

己所不欲，勿施于人。人们大多有一个通病，不管别人愿不愿意，喜欢把自己的意念强加给别人，特别是上司，总认为既然是下属就得听从指令，不得有丝毫怨言。然而，上司的观念不一定正确。把自己的想法和观点强加给下属，让下属去做不能胜任甚至不喜欢的工作，下属一定会把事情搞砸。时间久了，也就失去了对工作的兴趣，再执行上司分配的任务时就会敷衍了事。试想，让下属做不喜欢的事情是多么痛苦的事，而如果让下属做他喜欢的事情，可能会扭转乾坤，出现崭新的局面。所以，不要强迫他人做他不喜欢的事情，以免整日消磨，没有成效。

【温馨提示】

1. 你不喜欢被别人强迫，也就不要强迫别人。给别人选择的余地，让他更好地去发展自己。如果他是你的下属，会努力把自己的事情做好，让你满意；如果他是你的朋友，会坦然接受你，就算你不要求他做，也会主动帮忙，比起你强迫他做，效果更好。

2. 做不喜欢的事情会造成精神压抑。热心肠的人经常帮助别人，好多事情即使他自己不愿意但也去做，这样对自己不利。有时，不必苛求自己，实在做不到就拒绝，拒绝是一种成长，但一定要注意拒绝的方式，学会拒绝，不委屈自己，让自己做主，别人会理解你的。

3. 不喜欢就是不喜欢，不要强求别人，就算别人表面上答应了，其内心也可能有千百个不愿意，与其让他表面上承认，不如让他放任自适。

4. 别人强迫你你不高兴，你强迫别人别人也会不高兴，所以干脆放手。每个人都做自己喜欢的事情，把事情做到极致完美，彼此欢喜、彼此欣赏。

5. 妥协、退一步是另一种方式，当别人强迫你做自己不喜欢的事情，有时做一下也无妨。人要学会忍让，你喜欢做的事情不可能时时都有，你也不可能时时都做着喜欢的事情，要学会为别人着想，就算自己不情愿，忍一下又何妨？

6. 人们喜欢不会伤害别人的人，你强迫别人做他不喜欢的事情，会让他觉得痛苦，陷入困境，如果你再三强迫他做，他就会反抗了，轻则和你不和，重则和你发生激烈的冲突。

第七章 让别人喜欢你，就要守德守道

没有不劳而获的财富

【话题切入】

许多人存有取巧、碰运气的心态，梦想着天上掉下馅饼，结果当然一事无成。要是换个想法，用智慧、勤劳去开拓属于自己的财富，虽然过程比较辛苦，却是真正属于你的。

【成功案例】

自从有人在萨文河畔散步时无意间发现金子的传言散开后，当地便常常出现来自四面八方的淘金客。他们都想成为富翁，在河床上面挖出许多大坑，到处寻找希望能找到金子。的确，有些人找到了，但是更多的人一无所得，扫兴而归。也有人不甘心落空，便驻扎在这里，继续寻找，彼得弗雷特就是其中之一。彼得在河床附近买下一块没人要的土地，一个人默默地工作。他为了找金子，把所有的钱都押在这块土地上。他埋头苦干了几个月，直到土地到处都是坑坑洼洼，结果却让他很失望，因为连一丁点儿金子的影子都没见到。6个月后，他连买面包的钱都没有了，他不得不离开这里到别处谋生。

就在他即将离开的前一天晚上，天下起了倾盆大雨，而且一下就是三天三夜。等雨终于停了后，彼得走出小木屋，发现眼前的土地看上去和以前不一样：坑坑洼洼已被大水冲刷平整，松软的土地上长出一层层绿茸茸的小草。彼得若有所悟地说："这里虽然没找到金子，但是土地肥沃，我可以用来种花，拿到市场卖给富人，他们一定会买花来装扮家园。如果真能这样的话，我一定会赚很多钱，有朝一日我也会成为富人。"彼得仿佛看到了未来，他高兴地说："好，不走了，我就在这里种花。"于是，他留了下来。彼得花了不少精力培育花苗，不久，田里长满了美丽娇艳的各种颜色的鲜花。他拿到镇上去卖，富人都称赞说："瞧，多美的花啊！用它装饰我的园子肯定会非常漂亮。" 5年后，彼得成了富翁，实现了梦想。

【专家剖析】

正是勤劳创造了彼得的幸福。劳动是人立足于社会的基本手段。事实上，足以给我们带来愉快和满足的正是劳动本身。所以，要想采集到真正的"金子"，只能通过勤劳和才能，只有通过劳动去获得你想要的比幻想你想得到的更重要。

【温馨提示】

1. 认为勤劳是惩罚，而怠惰是幸福的想法是一种错误。对于饱食终日无忧无虑的人，他们应该明白：人是不能不劳动的，人生幸福的必要条件不是怠惰而是勤劳。

2. 劳动会为你带来收获，而收获可以使人忘却不愉快的往事。没有付出，就没有收获。世上收获最多的人，往往是付出最多的人。

3. 我们都知道"守株待兔"的故事，妄图从天上掉下馅饼的人到最后不仅是黄粱一梦，就连本钱也会失去。

4. 没有人喜欢懒惰的人，没有人喜欢坐享其成的人，用勤劳创造出属于自己的财富吧。

5. 动脑筋，多勤劳，多做事。

第七章　让别人喜欢你，就要守德守道

不奢侈浪费

【话题切入】

当你发财时，还会恪守艰苦朴实的生活吗？要是你一掷千金，别人会认为你不可靠，从而和你保持距离。要是你悔悟自新，明白"由俭入奢易，由奢入俭难"的道理，对方会为你高兴的。

【成功案例】

周爽和秦风是好朋友，他们一起在北京闯荡，共同承受生活的压力，从基层一步步做起。在一个偶然的机会，秦风获得了一笔钱。周爽知道，他们的生活将会有所改变，果然秦风和他搬到了别墅，且不再上班，开始过着奢侈浪费的生活。

周爽觉得这样下去不是办法，便对秦风说："我们不能再这样下去了，钱是有限的，万一花光了，我们要沦落街头的。"

秦风笑着说："干吗那么急，还早着呢。没有钱了，我们可以去炒股票啊。"

"可是……"周爽还想说些什么，但见秦风爱答不理的样子，话到嘴边又咽下了。

不久，周爽发现秦风越来越懒，不见当初的豪情壮志，他现在只知道享乐，周爽不再欣赏秦风了，于是劝秦风要戒掉浪费的习惯，人要前进，不能沉迷于目前的安逸。秦风不理，依旧过着奢侈的生活。

然而，钱是有限的，当钱快花光时，秦风急了，他开始炒股票，却一再赔本，亏损很多。一段日子下来，秦风不再大手大脚，他知道现在不能再奢侈浪费了，否则不仅自己的生活难过，说不定周爽会离他而去，寻找另外的生活。秦风开始找工作，但由于他多日懈怠，找工作时连连碰壁，最后好不容易找到了合适的工作，安定了下来。

秦风努力工作，生活也回归简朴，他知道贪图安逸会自毁前程，况且他不仅要生活，也要事业，所以他很认真地工作，获得了不错的业绩。

周爽找到秦风，问他为什么有如此大的转变。秦风说，要听你的劝告，不能再奢侈下去，就算有万座金山，如果不努力，金山也会被挖完，当金山被挖空时，所剩下的就只是后悔和遗憾了，好歹现在回头不晚，努力创业，就算生活不是多么充实，能做到点点滴滴不浪费，有了事业又能过着恬淡的生活，何乐而不为呢？

【专家剖析】

秦风由俭入奢，又由奢入俭，值得借鉴。许多人有了钱就大吃大喝，极尽奢华，当一切归于零时才体会"财尽人亡"的感觉。

要知道，与其现在过着奢靡的生活，不如反省自己。人生在世除了享受外，还有好多事情要做，比如赡养父母、投身公益等有意义的事情，切不可沉醉于享受中，"忧劳可以兴国，逸豫可以亡身"，不可不警惕。

【温馨提示】

1. 生活毫无节制，终日花天酒地、纸醉金迷，会导致社会的衰败。就个人来说，不仅荒废了生命，还可能落下笑柄，为后人所不齿。没有人会喜欢一个整天在声色犬马中过活的人，这样的人既可能毁了前面的成绩，也可能无所作为，致使终生虽快乐却被世人厌弃。

2. 当你过着好生活时，多做有益于他人的事情，不要只顾自己享受。人们讨厌高高在上的人，讨厌一切为自己而活的人。这样的人就算将来落难了，也很少会有人同情他。所以，与其日后被人厌弃，不如从现在开始好好地做自己，充实生活，有了钱也不要铺张浪费。

3. 如果你现在过得很知足，有温柔的妻子、活泼的孩子，就不必刻意追求奢侈豪华的生活，因为欲望太多会让你变得贪婪，像魔鬼一样，到时候众叛亲离，到时只有你孤单一个人活在世上，有什么幸福可言呢？

4. 如果你现在还算过得去，不缺钱，就不要去跟那些富豪的生活攀比。有时一心羡慕别人反而会忘了自己，别人比你更富足是别人的，无法比，只要过好自己的生活。如果你做不到就祝福他们越来越好，如果你可以和他们相媲美，当然希望你可以达到那一阶层。人生难测，你也说不定哪一天会好起来，哪一天又会深陷下去，只要做好自己，着眼于当下，不要想太多，以免太累。

5. 人人都有值得别人喜欢的理由，往往你表现出质朴，不为权力富贵屈膝，很多人会喜欢你。你那淡泊明志的心境也会伴随他们到春夏秋冬，当他们每每回想起来时，都会向往和追求。

6. 不眼红于别人所拥有的一切，要养成节约的习惯。别人的生活是别人的，你只要做到量力而为，不奢侈、不浪费，够吃够用，不刻意省吃俭用，也不羡慕人家富有，更不追赶潮流或不恰当的消费即可。

养成高尚的品德

【话题切入】

有人情操高尚，有人行为卑劣。情操高尚者成为人们的楷模，行为卑劣者被人们唾弃。清朝的王尔烈，就很值得人们尊敬与效仿。

169

【成功案例】

王尔烈，字君武，号遥峰，别名仲方，奉天府辽阳人。王尔烈是清朝有名的才子，才高八斗，十分清廉，在历史上留下英名。

有一年，他从江南主考回来，正赶上皇帝嘉庆登基。皇帝召见他："老爱卿家里怎么样？"王尔烈回答："几亩薄田，一望春风一望雨；数间草房，半仓农器半仓书。"

嘉庆说："老爱卿清廉为官，我早已知道。我派你去安徽铜山铸钱，你去上几年，就会不错了。"王尔烈遵照旨意去那里待了几年，又奉诏回京城。嘉庆召他上殿，说："老爱卿，这一回可度余年了吧？"王尔烈从袖套里掏出三枚铜钱来，只是一个个磨得溜光锃亮，原来是铸钱时用的模子。他说："臣依然是两袖清风，什么也没存。"嘉庆见此情景，非常感动地说："爱卿真是双肩明月，两袖清风啊！"

王尔烈72岁，蒙嘉庆皇帝恩准衣锦还乡。"三年清知府，十万雪花银。"是说宦囊丰富，当三年清官所入就有这么多了。那在京为官数载的王尔烈，回家要带多少家财？人们发现返乡的队伍起程时，装载东西的大马车足有十多辆，而且车上的板柜都加上了铜条和铜锁。车至山海关，前来迎送的是田总兵。这个人不是别人，正是当朝大臣和珅的女婿。田总兵热情招待，还用话打探，想借机开箱验货。无论田总兵如何花言巧语，王尔烈就是不上当，最后还是撕破了脸，把官司打到了皇帝那里。皇帝一听，也对车上载的东西感兴趣，因此降旨开箱验货。田总兵马上派人开封柜盖，以为可以抓住王尔烈的要害，不料柜子里根本没有金银财宝，全是清一色的砖头。

田总兵吓得连忙跪地求饶，王尔烈说："我在京当了这么多年的官，辽阳老家房无一间，如今回乡养老，用有限的年俸买些砖瓦，在老家风水沟盖三间小屋，以安度余生。"这件事传到了皇帝的耳朵，嘉庆帝心有所感。于是下令从国库中拨出银两，在辽阳城内为王尔烈修建了一座翰林府。

【专家剖析】

王尔烈衣锦还乡，两袖清风，品德高尚。我们要学习王尔烈，明白品德是一个人修养的表现，明白有高尚的品德才能赢得人们的崇敬与喜爱。人们喜欢"出淤泥而不染"、不刻意追求功名利禄的人。要是一个人面对诱惑便改变原则，不潜心修练，必将随波逐流，一生很难有大作为。

我们知道，品德高尚的人是人们的楷模、是效仿的榜样。而要拥有高尚的品德确实很难，必须苦心修练，不为各种羁绊停滞不前，不为各种诱惑蠢蠢欲动。

【温馨提示】

1. 别林斯基说："世界上有两种人：一种人虚度年华；另一种人过着有意义的生活。在第一种人的眼里，生活就是一场睡眠，如果这场睡眠在他看来，是睡在既柔和又温暖的床铺上，那他便十分心满意足了；在第二种人眼里，可以说，生活就是建立功绩……人就在建立功绩的过程中享受到自己的幸福。"

2. 罗曼罗兰说："这个世界既不是有钱人的世界，也不是有权人的世界，它是有心人的世界。没有伟大的品格，就没有伟大的人，甚至也没有伟大的艺术家、伟大的行动者。"

3. 爱默森说："品格是一种内在的力量，它的存在能直接发挥作用，而无须借助任何手段。一个人的品格不应由他的特殊行动来衡量，而应由他的日常行为来衡量。"

4. 雪莱说："品格可能在重大的时刻表现出来，但它却是在无关的重要时刻形成。"

5. 塞缪尔斯迈尔斯说："有比快乐、艺术、财富、权势、知识、天才更宝贵的东西值得我们去追求，这极为宝贵的东西就是优秀而纯洁的品德。"

6. 声誉是一个人的表象，品德是一个人的内在。品德高尚的人受人尊崇，品德低劣的人受人唾弃，所以要养成高尚的品德，让人生富有意义，不至于将来回忆时，人们都厌弃你的行为、都对你不满。你应该赢得人们的喜爱，就算没有高尚的品德，也不要让人们一辈子讨厌你。

第八章

让别人喜欢你，活出真我风采

命运向来是公正的，不要感叹时运多舛。在这方面失去了，就会在那方面得到补偿。当你遗憾失去时，可能有另一种意想不到的收获。不要相信命中注定，好事可能变成坏事，坏事也可能变成好事。只要你热爱生命，活出自我，你的人生将会多姿多彩。

关键时刻靠自己

【话题切入】

命运就像掌纹一样，虽然弯曲杂乱，却只有你能掌握。无论环境何其艰苦，只要我们懂得自信、自立、自强，就一定可以写出一个工工整整的"人"字。

【成功案例】

温惜文是编剧，酷爱影视，编剧是她唯一的职业。前些日子，温惜文费尽心思写出一出剧本，制作人看了很满意，说一个星期内就会付1万元稿酬给她。对温惜文来说，1万元可以帮她解决很多问题：房东已经在催房租了、她好几个月没有理发了，还有一些生活用品要买，等等。她想，有了这笔稿酬，她就可以开始下一步创作了。

在埋头苦干的日子里，她瘦了许多，反正很快就要得到稿酬了，干脆就花它一大把吧。于是，温惜文向旧同事借了一大笔钱。刚开始，同事不答应，温惜文说等剧本拍成动画片后，每年会有十几万的收入。同事被她说得没办法了，只好借给她钱。

这些日子，温惜文可高兴了，想想，功夫不负苦心人，她终于可以拿到人生的第一笔稿酬了。

然而，事实并不像温惜文想得那么简单。制片厂先说一星期内，一个星期过去了，依然没有动静。温惜文急了，在QQ留言，经纪人不在，即使在，也不回应。温惜文不懂，她是否上当受骗了？明明说好的，为什么反悔了呢？然而，她能怎么办？稿子送过去了，对方不回应她能怎么办？最后只好自认倒霉。

温惜文在困顿中又煎熬了一段时间，终于无法再坚持下去。原本的希望落了空，可她得维持基本生活啊。

温惜文找到了制片人，制片人说剧本还在审核中，温惜文想请他们先付稿酬，制片说没有此先例，否则就退稿。由于没有合约，温惜文又是孤单一人，遇到这种情况，只好往肚里吞。她不敢向亲朋谈起，借钱的同事已经在催她了，温惜文好难过，感慨现代人真是表面一笑、背里一刀啊！

实在无法生活下去了，温惜文不得不找工作，她找到一家提供食宿的杂志社，每天按时上下班。虽然不是很情愿，却是唯一可走的路。或许她的剧本还不够出色才会遭此冷遇……温惜文越想越痛苦，最后干脆不想了，好好上她的班。一边上班的同时，她一边写稿赚外快，她需要成功，又害怕被骗。

听人说，等出名了，作品的稿酬就是上等的了。温惜文很纳闷，但还是想创造出优秀的剧本来。一次，在剧院她认识了一位导演，导演对她的才华很赏识，答应和她签约。原本还在审核中的剧本很快就出现在屏幕上了，而且很成功，这下，温惜文获得了一笔稿酬。

渐渐地，她一边上班，一边努力创作更优秀更出色的作品，力求一炮打响。终于，两年过去了，温惜文的剧本被搬上了屏幕，她立刻红遍了全国，温惜文终于可以幸福地笑了。

【专家剖析】

从温惜文的身上我们知道，不要把所有希望都寄托在别人身上，否则后果不堪设想。社会上千人千面，我们难免要与不同层次的人打交道。在交往中，要保持头脑的清醒，不要把希望寄托在他们身上，也不要完全相信他们，以免上当受骗。

【温馨提示】

1. 不要轻易相信别人的口头承诺，不为利益所诱惑，保持头脑清醒，做最好的自己。

2. 靠天靠地不如靠自己，世上能拯救你的永远是自己，不要把希望寄托在别人身上，想想自己，从自己出发，掌握自己的命运，开拓属于自己的人生。只有亲自动手，亲自努力拼搏，才能摘到真正属于你的果实，赢得大家的喜爱。

3. 人心叵测，害人之心不可有，防人之心不可无，你要成熟点，变精明些，凡事开窍，做人太善良有时会让自己吃亏。

4. 他人帮你做事不是无条件的，多少都希望从中获得利益。你要看明白，如果是好的事情就做，不是好的事情最好当面拒绝。

5. 人人都有攀高的心理，希望得到他人的帮助。然而，万一偷鸡不成反把米，受伤的岂不是自己？

6. 依赖别人，太过相信别人，容易失去自己，不会有人喜欢懦弱或完全任人摆布的人。要想做个受人欢迎的人，应该掌握自己的命运，用实力证明，你不必依靠别人就可以做得很出色。

勇于接受命运的挑战

【话题切入】

人的命运就像大海中的帆船，相信命运安排的人会随波逐流，不思进取；不被命运的坎坷、磨难所击倒，能在是是非非面前站立起来的人，才能成就自我、驶入成功的港湾。

第八章 让别人喜欢你，活出真我风采

美国知名的潜能开发大师席勒，就是用乐观感染了他的女儿，让她不屈服于命运，坦然面对厄运，最后走出自己的一片天。

【成功案例】

席勒是美国著名的潜能开发大师，他独创的激励方法，深受学员的爱戴，因此名声远扬，时常应邀到世界各地演讲。

席勒最著名的话是："命运总会捉弄人，熬过苦难，就是幸福与成功。"他时常用这句话来鼓励学员积极思考，还将这一思想灌输给小女儿，因此他的女儿还在念小学时就对这句名言朗朗上口。

他女儿十分活跃和热爱运动。有一次，席勒应邀到韩国演讲，在演讲中，他收到一封来自美国的紧急电报，上面写着：女儿发生意外，已经送医院进行紧急手术，也许会截掉小腿。得到此消息，席勒匆匆结束演讲，迅速赶回美国。

席勒回到美国，女儿已经截掉了小腿痛苦地躺在病床上。原本有优秀口才的他，此时显得异常笨拙，他不知该如何来安慰这个热爱运动和充满活力的小天使。

聪明伶俐的女儿察觉了父亲的心事，她对父亲说："爸爸，我没事，你不是经常告诉我，命运喜欢捉弄人，能熬过苦难，就是幸福与成功吗？我不会因为失去小腿而难过的。"席勒欣慰地看着女儿。

女儿安慰父亲："请爸爸放心，没有了脚，我还有手。"

两年后，席勒的女儿升入中学，被选入垒球队，最后成为优秀的垒球王。

【专家剖析】

席勒的女儿面对厄运却能勇敢地振作起来。许多人认为命苦是上天注定，因而习惯退缩，更有人在还没有达到预期的目标，就被坎坷吓破了胆，产生放弃的念头。实际上，大可不必这样消极。首先"放心"面对，接着"用心"解决，这时会发觉，有些表面看起来非常可怕的问题只是纸老虎。不用幻想圆满的生活，也不用幻想生活天天都是阳光，人生的道路，每个人都会经历艰难困苦的考验，懂得品尝酸、甜、苦、辣、咸人生五味，懂得老天总是爱跟你开玩笑，和命运拼搏，苦难后就是幸福。

【温馨提示】

1. "不经一番寒彻骨，哪得梅花扑鼻香？"面对命运的捉弄，你能否泰然面对？世事不如意十有八九，无法一帆风顺，跟不如意并肩作战是生活中的常事。在和命运抗争的过程中，你会发现，你的人生还是很美好，没有谁生来就是受苦，没有谁生来就是享受清福。

2. 历史上有成就的名人、伟人几乎都经历过跟不公的命运做抗争的过程，才有了最终的功成名就。我们身边的人，特别是搞艺术的人，没经过命运的折磨，不去品味人生的穷酸和落魄，他们能是好的艺术家吗？

3. 英国的伟大诗人弥尔顿，在失明后完成杰出的诗作；德国的伟大音乐家贝多芬，在听力丧失后创作出杰出的乐章；世界级小提琴家帕格尼尼，用对命运挑战的琴弦把天才演奏到了极致。他们之所以有如此的成就，主要在于他们勇于面对命运，不屈服命运。

4. 命运向来是公正的，不要感叹时运多舛。在这方面失去了，就会在那方面得到补偿。当你感到遗憾失去的同时，可能有另一种意想不到的收获。

5. 不要相信命中注定，好事可能变成坏事，坏事也可能变成好事。只要你热爱生命，你的人生将会多姿多彩。

6. 勇于面对命运、接受命运挑战的人，往往会赢得人们的尊敬与喜欢。如果你时常不尽如人意，向你的不满发出呐喊，要相信自己可以战胜不公，等风雨过后，迎接你的将是彩虹。

明白自己的价值

【话题切入】

你自卑、看不起自己吗？如果你认为自己各方面都逊色，那么你将活在混沌中。要是你知道，在这个世界上还有好多人很羡慕或爱慕你，就不会那么自卑了。

【成功案例】

芬妮正值青春年华，长相平凡，没有特别的才华，和其他女孩在一起很容易被忽略。久而久之，她变得很消沉、忧郁，自怨自艾，觉得自己不可能找到意中人，会被幸福拒之门外。

芬妮天天把自己关在家里，家人都很着急，想出很多开解她心结的办法都没有奏效。最后，家人找到一位有名的心理学家，请求他为芬妮打开心结。

心理学家一见到芬妮的样子，心头一沉。芬妮已经很久没有梳洗、打扮，看起来十分邋遢。她懒懒地举起手臂，用指尖碰了碰心理学家的手，就算是握手，她指尖传来的凉意让心理学家有些颤抖。芬妮的眼神呆滞绝望，声音嘶哑无力。这一切告诉心理学家，谈话是无法治愈芬妮的，因此心理学家决定改用新方法。

心理学家对芬妮说："别担心，你的情况我有办法，但你得按照我说的做。"他要芬妮去买一套新衣服、修整头发，将自己打扮一番，因为下周有一场晚会，他要求芬妮出席。

芬妮听了，闷闷不乐地说："参加晚会我也不会快乐，谁都不会理我，我能做什么呢？"心理学家说："你要做的事很简单，你的任务就是帮我照料客人，代表我欢迎他们，向他们致以最亲切的问候。"

晚会当天，芬妮按照心理学家的指示装扮一新。由于与会者事先都知道了心理学家的安排，每个人都主动和芬妮打招呼、聊天，让芬妮有受宠若惊的感觉，举止越来越自然。整个晚上，她按照心理学家的吩咐，一会儿和客人打招呼，一会儿帮客人端饮料，她在客人间穿梭不息，来回奔走，完全忘了自己之前的窘迫。渐渐地，她的言行越来越活泼，笑容越来越甜美，大家都忘了她是自卑的芬妮。

从此，芬妮像换了一个人似的，她精神抖擞地走出家门，主动、自信地结交朋友。不久，芬妮成了人们眼中快乐、有魅力的女孩，且不乏追求者，最后和其中一人结婚了。

在婚礼上，芬妮的家人感动地对心理学家说："你创造了奇迹。"心理学家说："不，是芬妮为自己创造了奇迹。人不能一直看不起自己，要明白自己的价值，芬妮懂得了这个道理，所以才会有今天的美丽。"

【专家剖析】

芬妮终于建立了对自己的信心，她的人生也随之发生了变化。人一生中难免有许多无奈和不如意，这都是生命的一部分，无法摆脱，也无法推卸。请不要让悲观和消极腐蚀你的心灵、瓦解你的自信、吞噬你的自我，把你置于危险境地。

你是独一无二的，你必须明白自己的价值才会珍惜自己、善待自己，才会认同和理解自己。不妨多角度审视自我，用理解的自语抚慰冰冷的心灵，给真诚执著的心加一把劲，大声为不起眼的自己喝彩。明白自己的价值，你将找回生命中的阳光、鲜花、美景。

第八章　让别人喜欢你，活出真我风采

【温馨提示】

1. 相信自己是无所不能、出色的，每天给自己打气，照镜子对自己说："没有人比我更优秀。"在遇到困难想打退堂鼓时，告诉自己别人做不到的事情你能做到，没有人比你更突出，你是最厉害的。

2. 你的命运应该自己掌握，不要被别人所左右，要是你把自己托付给别人，就如落花流水一样，会有寄人篱下、孤苦无依的感觉。我们都是平凡人，但每个人都可以做到不平凡，只要你拥有足够强大的信心和行动。

3. 人无完人，你不是完美的，但你可以力求完美，只要你下定决心，你会越来越优秀。

4. 不要否定自己，告诉自己：你能行，你一定行！

5. 看看自己有哪些不足，走出阴暗面，等你从自卑的阴影中走出来，将享受到鲜花、喝彩。

6. 不要被他人的言语所左右，你是最优秀的，不要因为想让别人喜欢你，而受人的言语影响，因此改变自己。

做自己最喜欢做的事情

【话题切入】

迫于生活无奈或其他各种原因，许多人做的并不是自己喜欢做的事情。本来是企业家却在文坛里打转，本来可以漂洋过海到国外求学却……要是做着自己不喜欢的事情，就不会有好结果，年华一日日虚度，到头来一无所成。要是做着自己喜欢的事情，就算过程坎坷，由于努力

了，也会从中感到乐趣，直至成功。

【成功案例】

王平酷爱书法，想成一名书法家。可他也清楚，艺术家大多生活困顿，他不想自己也陷入经济危机，所以选择在一家餐馆当服务生。可是，当服务生不是王平的兴趣，一段时间后，他对工作开始感到厌倦，于是辞职待在家里，什么也不做。

可这样下去也不是办法，毕竟要生活啊。像他这样只在家里练习书法而不挣钱，岂不是要穷死？想到这些，王平始终没有动笔。

一段时间后，王平又开始工作了，在一家酒店当服务生。王平常想，这样下去何时才是尽头呢？人要生存，可是做自己不喜欢的事情，心里很不爽啊。

王平试图改变，每天下班后，练习写书法，坚持了一段时间，王平的书法进步神速，生活也稳定下来。

王平不能放弃工作，虽热爱书法，但书法不能养活他，因此只好把书法当做业余爱好，不让唯一的喜好随时光淡去。虽然王平比其他同事努力，可是由于他的心思都用在书法上，因此常受到老板的批评，王平依然没有放弃，书法是他的精神食粮。

一年又一年过去，王平28岁了，一次意外的机会他去参加国家级的书法比赛，没想到得了一等奖，奖金5万元。这5万元对王平来说很重要，他辞掉了不喜欢的工作，专心在家练习书法，他已经是一个小有名气的艺术家了。但王平知道，生活最重要，虽然他极热爱书法，也不能时刻沉浸在其中，他得生活。

王平的书法作品接连获奖，让他不必再去工作，可以专心地从事喜欢的书法。

第八章　让别人喜欢你，活出真我风采

【专家剖析】

先是为了生活从事着自己不喜欢的工作，经过努力后，王平终于不用再勉强自己，在兼顾生活的同时可以做自己感兴趣的工作。然而，有许多人在打着毫无相干的持久战，而不是做自己喜欢的事情，整日混沌，难成大器。只有做自己最喜欢的事情，才能在千万人群中出色。

【温馨提示】

1. 做自己喜欢做的事情，一件已足矣。不要有太多的苛求，做最喜欢做的事情才会让人感到幸福，才会有丰硕的成果。

2. 迫于生活与压力，你不得不做一些事，然而喜欢的事情永远不能放弃，人要高瞻远瞩，为了将来，你将更出色，劝你必要时还是做自己最喜欢的事情。

3. 喜欢并不一定要做，只要有诚意就够了。对特殊人群来说，有些事情就算他喜欢也做不了，比如盲人想当导游只能是天方夜谭。

4. 喜欢的事情很多，最喜欢的事情只有一个，不能心不在焉，马马虎虎，一段时期喜欢这个，另一段时期喜欢那个。

5. 用一生去做一件事情，这件事情必将做得完美，因为人的精力有限，我们很难看到某个人既是体育健将又是文艺作家，因为文艺和体育根本是两回事。

6. 如果别人阻止你去做你喜欢的事情，你要知道别人的提醒大多是出于好意。但最终如何决定还是靠你自己，只有你自己知道什么样的路才是自己想要走的。

活出自己的风采

【话题切入】

你常为自己不够优秀而苦恼吗？人的命运掌握在自己手里，如果你只会无休止地抱怨，你的生活将永远暗淡无光，难有起色。要是你明白，其实你比许多人幸福，你拥有许多别人没有的，因此你应该奋发向上，活出自我。这不需要算命先生，也不需要事实证据，只要你活出自我，不再为自己不够优秀而意志低落、忘掉自我。

【成功案例】

有个年轻人，一直为自己不够优秀而苦恼，今天学这个人，明天学那个人，到头来都没有学成。

这天，年轻人愁肠百结地找到禅师，问大师，为什么别人都比他强？禅师笑着对他说："如果把你的相貌给丑陋的人，把丑陋人的相貌给你，你愿意吗？"

年轻人摇摇头说："当然不愿意。"

"如果把你的手臂给残疾的人，你愿意吗？"

年轻人说："这我也不愿意。"

"那么，如果把你的才华给没有读过书的人，你变成文盲，你愿意吗？"禅师笑着问。

"我也不愿意。"年轻人说。

"既然这样，你的亲朋对你好吗？你的妻子爱你吗？你的孩子活泼可爱吗？你的父母健康吗？"

第八章 让别人喜欢你，活出真我风采

年轻人点点头。

"你可知道，世上许多伟人都有一些缺陷，像荷马，传说他是个瞎子，但他是古希腊最有名的诗人。像贝多芬，双目失明，却凭着毅力成了欧洲古典音乐史上的'乐圣'。他们都活得很有价值，他们可能没有想过和别人比较，就凭自己对生活的信心，活出他们的人生来，他们成功了。他们并不比你更优秀，在他们的那个年代，他们可能还羡慕你呢。你有他们没有的健康、亲情、友情、爱情，你还有什么怨言，还有什么资格颓废呢？"

年轻人觉得禅师说得很有道理，从此不再得过且过，变得勤奋、上进，后来成了著名的广告人。

【专家剖析】

年轻人从消极变积极，成了著名的广告人，就在于他认识到了活出自我的重要性。要知道，你不是任何人的替代品，每个人都有属于自己的美丽风景，活出自我才不枉在人世走这一遭。

同样是几十年的生命，有的人名留青史，有的人默默无闻。被人们敬仰的名人能在有限的生命中做出有价值的事情，不会让时间在苦恼、埋怨中蹉跎，活得精彩。而大部分人之所以平庸就在于他们忽略了时间的价值，失败、苦难、困境让他们害怕、停滞，等老去时才发现生命一片空白，却悔之晚矣。

生命是上帝赐予我们的财富，我们应该要好好地利用生命的每一天。相信每个人都是独一无二的，我们不应该活在他人的阴影下，只观看他人的风景而忘记了自己的步伐。过去无法挽留，好好珍惜未来的每一天。每个人的先天条件都不一样，不要刻意模仿别人，知道自己的价值，活出自己的风采。

【温馨提示】

1. 每个人都有自己合适的鞋子，如果非得去套别人的鞋子，不但不舒服，还会挤坏脚。穿自己的鞋，走自己的路吧。

2. 人生每个阶段都有其精彩，10 岁的单纯、20 岁的活力、30 岁的奋斗、40 岁的稳重、50 岁的知天命、60 岁的感悟等，没必要 20 岁羡慕 40 岁，更没必要在 40 岁慨叹青春已逝。活在当下，生命才没有遗憾。

3. 生命是短暂的，不要在自怨自艾中任其流逝。既然我们没有能力阻止时间的流逝，就要珍惜每一天，让自己活得潇洒有价值。不要被物质利欲所俘虏，做自己想做的事，说自己想说的话，体会自己想过的人生。快乐最重要，快乐的人才能拥有精彩的人生。浮名利禄是过眼云烟，不要为了虚无缥缈的东西强迫自己去做自己不喜欢的事情。或许有些人为了追逐名利，喝了违心酒，说了违心话，即使最终被提拔到了窥视已久的高度，却依然活在他人的控制下。

4. 生活的真谛不是物质的享受，而是精神上的提升。愉悦、潇洒、乐观的你才能自由自在地生活。记住，活得精彩不是你拥有无数的财富，也不是你拥有至高的地位，而是活出好心情并能把这种快乐传播给周围的人。健康、快乐的生活才是真正幸福的生活。

5. 无论你走哪一条路，只要你走的是自己的路，只要不被世俗所羁绊，哪怕有人不能理解，你照样可以活出自我，赢得多数人的喜爱。

6. 不模仿别人，走自己的路，相信你的坚持是正确的，你的生命是光彩的，你可以从众生中脱颖而出，虽然不一定彪炳千秋，也可以成为一个受人喜欢的人。

第八章 让别人喜欢你，活出真我风采

坦然面对自己的缺陷

【话题切入】

你是否因生理缺陷，使奋发向上的热情和欲望被压抑、封杀。如果你有这方面的问题却没有得到及时的疏导与激励，进而丧失信心和勇气，让你的人生一塌糊涂，该多么可惜。要是你能坦然面对这些缺陷，多往好处想，将会有好的发展。

【成功案例】

多年前的一个夏天，一位名叫亨利的年轻移民，站在河边发呆。

这天是他30岁的生日，他却不知道自己是否还有活下去的必要。亨利从小在孤儿院长大，他身材矮小，长相普通，讲话带着浓浓的法国乡音，让他很没有自信。他认为自己是一个既丑又笨的乡巴佬，连最普通的工作都不敢去应征，因此他既没有工作，也没有家。

就在亨利徘徊在生死之间时，和他一起在孤儿院长大的好友约翰很兴奋地跑来对他说："亨利，告诉你一个好消息。"

"好消息从来就不属于我。"亨利一脸悲伤地说。

"不，我刚才从收音机听到一则消息，拿破仑曾经走失了一个孙子。播音员描述的相貌特征，和你几乎一模一样。"

"真的吗？我竟然是拿破仑的孙子？"亨利立刻精神振奋。想到爷爷曾经以矮小的身材指挥千军万马，用带着泥土芳香的法语发出威严的命令，顿时觉得自己矮小的身材同样充满力量，他的法国乡音也带着几分高贵和威严。

187

第二天一大早，亨利满怀自信地来到一家大公司应征。20年后，他成了这家大公司的总裁。这期间，亨利也查明证实自己并不是拿破仑的孙子，但这早已不重要了。

【专家剖析】

亨利用正确的心态对待自己的缺陷，最后从颓废的青年成为大公司的总裁。可见，世界上没有完美的人，每个人都有不同的缺陷。人们的失意，大多是由于不能坦然面对自己的缺陷所造成，在缺陷面前，整日自怨自艾，最终自暴自弃。然而，一旦人们能够转变心态，以坦然的心态面对自己的不足与缺陷，同样也能体验到生活的美好与事业的成功。

【温馨提示】

1. 坦然面对自身的不足甚至缺陷，将自卑抛到九霄云外，这是成功最重要的前提。一个不愿面对自我、盲目从众的人就像一艘失去舵的船，随波逐流，不知离自己最近的岛是哪一座，不知漂向何方。了解自我的人，才懂得驾驭自己，懂得正确设计自己的人生航向，这样的人不会将有限的精力和时间耗费在无谓的幻想中。

2. 金无足赤，人无完人。我们要面对自己的缺陷，让自己的优点更显著，让缺点慢慢收敛缩小，达到扬长避短的目的。

3. 世界上没有两片完全相同的树叶，每个人都是独一无二的。为了活出真实的自我，我们要学会用平常心接纳自己。

4. 有缺陷才完美，维纳斯的雕像没有断臂，就不会引起人们的遐想，就不会被视为国宝在罗浮宫永久珍藏。山川河流如果都是平平直直，就不会引起游人的雅兴，山川奇险、河流弯曲，会让人们更向往。

5. 每个人都有自己的缺陷，既然不完美就要力求完美，但力求完美也不一定能完美。毕竟，世上没有绝对完美的东西。如果你追求了，即使你不完美，在别人心中，你也是完美的化身，你追求的过程已足以让人心醉神迷。

6. 人们喜欢上进的人。如果你能让缺点转为优点，就可以成为别人效仿的对象。

不要错过重要的事情

【话题切入】

如果你跟你喜欢的女孩之间发生冲突，你会怎么做？如果是你的错，你要承认错误；如果不是你的错，你又不想错过女孩时，你要及时抓住，以免后悔。

【成功案例】

小陈多年来一直暗恋着小芬，却不敢向小芬坦白。小芬对小陈也有意思，也是难以开口。

一天晚上，小陈精心制作了一张卡片，在上面抒写爱意，但思前想后就是不敢把卡片交给小芬。小陈握着卡片，愁闷至极，用喝酒来排遣苦闷，在微醉时他壮起胆子，决定去找小芬。

看见小陈微醺的脸，小芬闻到扑鼻而来的酒气，心中有些不快地问："你怎么这时候来？有什么事？"

"来看看你。"

"有什么好看的！"小芬没好气地让小陈进屋。

卡片在小陈的口袋里被摸了许久，已经有些温热、湿润，小陈还是不敢拿出来。面对小芬娇嗔的样子，小陈的心充溢着柔波。他们一直沉默着，不知不觉，时钟已指向了 11 点。

这时，小芬伸伸腰，看着桌上的书，一本正经地说："我要睡觉了。"她在不经意间流露出逐客的神态。

小陈灵光一现，假装百无聊赖地翻着一本大字典，然后把字典合上，放在一边。过了一会儿，他在纸上写下一个"罂"字，问小芬："咦，你说这个字念什么？"

"yīng。"小芬奇怪地看着他，"怎么了？"

"是读 yīn 吧？"小陈说。

"读 yīng。"

"我记得是 yīn，我从认识这个字起就这么读。"

"你一定错了。"小芬冷淡地说，心想，他真的是醉了。

小陈有点不知所措，过了片刻红着脸说："我想一定是念 yīn，不信我们可以查字典。"他说得有些结结巴巴。

"没必要，明天再说吧。你现在可以走了。"小芬站起来。

小陈依然没有要离开的意思，他怔怔地看着小芬。"查查字典，好吗？"他轻声说，含着央求的语气。

小芬虽然有些心动，但还是认为他醉了。于是，她柔声哄劝道："是念 yīn，不用查字典，你是对的。赶紧回家休息，好吗？"

"我，我不对，我不对！"小陈急得要流下泪来，"求求你，查查字典，好吗？"小芬看着他胡闹的样子，绷起小脸说："你再不走我就生气了，以后再也不理你了！"

"好，我走，我走。"小陈急忙站起来，向门外走去，"我走后，你查查字典，好吗？"

"好的。"小芬哭笑不得地答应。

小陈走了，小芬关灯睡了，就在她快睡着时，听见有人轻轻地、有节奏地叩击着窗户。

第八章　让别人喜欢你，活出真我风采

"谁？"小芬在黑暗中坐起身。

"你查字典了吗？"窗外是小陈的声音。

"神经病！"小芬喃喃骂道，之后便不说话了。

"你查字典了吗？"小陈又问。

"你走吧！你怎么这么傻啊！"

"你查字典了吗？"小陈继续问。

小芬高声说："我查了！你当然错了，从开始你就读错了！"

"你没骗我吗？"

"没有！鬼才骗你呢！"

"你睡吧！"

小陈的脚步声渐渐消失了，小芬再也睡不着了，抱着被子坐了起来，想起小陈一直问："你查字典了吗？"于是她打开灯，翻开字典，发现在"嬰"字的那页夹着一张可爱的卡片，上面的字迹再熟悉不过了："我愿意用整个生命来爱你，你答应吗？"她什么都明白了。"第二天我就去找他。"小芬想。那一夜，她辗转难眠。

第二天，小芬一早起床，刚打开门，看见小陈躺在她家门口。小芬顿时眼泪哗啦落下，抱着睡眼蒙眬的小陈，说："不要再这样子了，我明白了，我也喜欢你！"

【专家剖析】

小陈和小芬的结局是幸福的。珍贵的东西如果不好好把握，一生会难得再遇。所以，不要在不经意间错过可能是你一生中最重要的事物。

我们常常在拥有时不知珍惜，错过了才知道后悔。有人说，人生有两件事不能错过：最后一班回家的车和一个深爱你的人。

最后一班回家的车，是说你出去闯荡，家永远是你的后盾，只要你努力，家门永远为你敞开。一个深爱你的人，是说与其爱一个人爱得痛

苦，不如选择被爱。谁都想追求完美的爱情，当爱你的人出现时，你觉得他（她）不是你的最爱，而不怎么在乎他（她），等你遍体鳞伤想找个港湾歇息时，爱你的他（她）已不在你身边了。

【温馨提示】

1. 知道什么是重要的什么是次要的，分清轻重缓急，把握主要的，不放过次要的。

2. 不要等错过了才知道后悔，与其日后在悲伤中度过，不如把握现在。

3. 每天看看还有什么事情没做，重要的要立刻完成，不要等到明天，明天还有明天的事情，今天的事情要今天完成。

4. 不要相信时间可以倒流，一旦错过了不可能再挽回，除非有奇迹出现。

5. 人们不喜欢没有头绪的人，如果你不知道什么是重要的什么是次要的，你的生活必将紊乱不堪。试想，谁愿意和杂乱无章的人在一起？

6. 为了让别人更喜欢你，还是力求重要的事不要错过，这样你乐我乐大家乐，何乐而不为？

不要在意别人的目光

【话题切入】

许多人容易受到外界的干扰，太在意别人的目光，动摇信念不相信自己的选择，最终把自己束缚在别人的路上。如果能按照自己的想法

第八章　让别人喜欢你，活出真我风采

走，最终可以见到真正的曙光。

【成功案例】

美国宾夕法尼亚州弥尔顿好时学校田径场上，有近600名少年参与"好时青少年国际田径锦标赛"总决赛。烈日下，迈克尔约翰逊把嘉宾应该做的事情做完，然后轻捷地走过跑道，老远地向看台上翘首期待着他的孩子们挥手，喊道："我过来了，不着急。"接着，孩子们围住他，亲热地和他打招呼，有的递上小本子，有的拿着小卡片，有的脱掉上衣，让迈克尔签名。

迈克尔约翰逊看起来黝黑健壮，穿着运动衫，戴着棒球帽，看起来非常年轻，与2000年从田径赛场退役时没什么差别。尽管被人潮推来推去，他依然和善地微笑着。

"好时青少年田径锦标赛"已经举办了三十届，初衷是为了推广跑、跳、投掷等基本的田径运动，增强孩子的体格。这些小运动员有些腼腆，看着"飞人"迈克尔约翰逊站在旁边，激动地相互低语，投以炽热的目光。迈克尔轻松自如地在赛场上走来走去，听到发令枪响，就在跑道旁观看，拍着手为每个孩子加油。他说："这些孩子跑得不错，我注意到有几个人的身体条件很优秀。有梦想很重要，永远要相信自己，不要太在意别人的目光。"

正如他所说，迈克尔一向不在意别人的评论。人们大概永远不会忘记他的跑姿简直太特别了——挺胸、缩臀、直脖子。在《阿甘正传》电影出现之前，人们给他取的绰号是"鸭子"，之后才被唤作"阿甘"。然而面对无数人对他跑姿的批评，他既不烦恼，也不改正，而是坚持自己的特色。他说："我的跑姿和身材有关，是自然形成的。许多人都批评过这种姿势，说技术是多么多么的不合理，但我始终坚持。"

就是这种怪异的跑姿伴随迈克尔参加过三次奥运会，共夺得五枚金牌及九枚世界田径锦标赛金牌。尤其具有传奇色彩的是在1996年的亚特兰大奥运会上，国际田联和国际奥委会破天荒地专门为他修改了田径赛程，把400米和200米半决赛之间的休息时间从50分钟改为4小时。这个"善意的体谅"最终让迈克尔在那4个小时的休息时间，一举包揽了200米和400米两项金牌，而他当时创造的19秒32和43秒18的两项世界纪录至今无人能破。

2000年悉尼奥运会，迈克尔拿下400米和4×400米冠军（最后一棒）后，宣布退役，那年他33岁。人们朝着他的背影说："他留给我们的，是只属于21世纪的纪录。"

可以说，正是迈克尔约翰逊的与众不同造就了他。试想，如果他被别人的看法所左右，并轻易改变的话，哪会有他后来在体坛的辉煌成就？

【专家剖析】

迈克尔约翰逊的经验值得我们借鉴。我们知道，任何人都无法博得所有人的满意与好感，如果太在意别人的眼光，只会禁锢、束缚自己。其实，只要不违背社会常理及自己内心的行为准则，你做事情时，大可不必太在意别人的眼光，这样才能活得更豁达，才能赢得更多人的喜欢。

【温馨提示】

1. 别人的看法是别人的，不能强加于自己，随他们怎么看你，只要做自己的事，走自己的路。

2. 你有理由让别人认为你将来会更优秀，以便他们改变对你的态度，变消极的蔑视为积极的羡慕。

第八章　让别人喜欢你，活出真我风采

3. 虽然有时候会遭到别人的冷眼，别在乎，认真做好每件事，让别人彻底改变对你的看法。

4. 丢弃了自己的意愿而活在别人的价值标准里，就很难找到自己的价值取向，很难赢得属于自己的成功，到后来可能一事无成。

5. 生活不是给别人看的，每个人都拥有自己独立的生活方式，不要把目光放在别人身上，也不要被别人的目光所左右。

6. 按照自己的想法，把目光锁在你的未来，放在自己身上，就算别人一时误解你，总有云开雾散时，到那时，苦尽甘来，别人会更喜爱你，最后的果实才是甜美的。

不听话不一定是错

【话题切入】

父母教育子女要按照他们的想法走，老师教育学生要言听计从。每个人都有自己的想法，你不听父母、老师的话不一定是错。有时，由于你的拼搏、进取，不听话反而成为你成功的重要助力。

【成功案例】

徐志强出生在一个山村，他希望能走出山村，让父母、父老乡亲看到他风光的样子。18岁那年，他向父母提出要到外面闯荡。父母极为震惊，质问徐志强是否一去不复返。他们告诉徐志强社会不是他想象的单纯，要在社会上生存很不容易，尤其像他没有知识又没有心眼的人。万一走出山村，在社会上遇到颠簸，想要出人头地，不知等到何年何月。再说了，父母只有他一个儿子，希望他留在山村传宗接代。徐志强很不情愿，父母说，如果他执意想出去闯荡，他们不会给他介绍在外地的亲戚好友。徐志强很失落，面对一座挨着一座看不到尽头的大山，心想，山那边是什么？是不是人烟鼎盛、鸟语花香、车水马龙、高楼大厦……

徐志强一直坚持着自己的梦想，一次又一次向父母提出想出去闯荡。父母以为他疯了，问他怎么了，社会险恶，为什么非得要出去？人就这一辈子，在哪里活不是活，再说山村有什么不好，他们祖祖辈辈都在山村生活，为什么徐志强不听话，要独具一格？

经村民建议，父母还是觉得把徐志强留在身边最好，他们就这么一个儿子，万一出什么意外怎么办？父母不敢多想。然而，徐志强等不了了，他告诉父母，他必须离开山村，去寻找属于自己的生活。对于儿子的叛逆，父母虽然万般痛心，然而孩子长大了由不得父母，既然儿子执意要走，再强留也不是办法。思虑再三，父母和徐志强订了约定：每半年要回家两次。徐志强答应了，最后，他迈着沉重的步伐，走出了山村。

起初，徐志强一个人在外闯荡，像无根的浮萍、转移的蓬草，不知经历了多少磨难，碰了多少次壁。这期间，徐志强很少跟父母联系，让父母痛心不已。但父母并不知道徐志强在外的艰难，当初徐志强信誓旦旦不成功誓不回家，在外的日子难熬，让徐志强时常想起家乡的父老乡亲，还有村东头那个他喜爱的女孩，如今，他一个人在大城市闯荡，还受到乡亲们的猜疑，其中的心酸只有独自忍受。

上进的徐志强知道他不听话自有理由、知道父母埋怨他、知道村东头的女孩思念他，考虑了许久，最后还是跟父母打了电话。电话中父母催他回家结婚生子，安心度余下的日子。徐志强苦笑，他还年轻，不能听从父母的安排，他必须要活出自己的人生。

一次又一次的失败，一次又一次的磨炼，终于乌云散去，万丈光

第八章 让别人喜欢你，活出真我风采

芒洒照而来。徐志强做生意成功了，他当上老板，下面有100多人，徐志强真的实现了梦想。这时的他虽然已有些苍老，然成功后一切云淡风轻，父母感动落泪，徐志强也和爱慕的女孩结婚了，乡亲们都夸赞他。

现在徐志强夫妻和父母住在城里，生活幸福。

【专家剖析】

像徐志强这样的年轻人很多，他们有着自己的梦想，与父母之间存在代沟，并因此产生冲突。每个人都会经历叛逆时期，不听话不一定是错，每个人都有自己的想法，都有自己的价值观。徐志强要是听从父母的意见，在山村结婚生子，他终生将被贫困和壮志未酬所折磨，幸好他选择"不听话"，坚持自己的梦想，最后他成功了。

只要力求上进、拼搏进取，哪怕你在别人眼中是个不听话的人，将来照样可以改变别人对你的看法，他们会对你更喜爱、更赞赏。

【温馨提示】

1. 有自己的想法很正常，人都不想被禁锢，你不听话不一定是错，有美好的未来计划、美好的梦想憧憬，不听话有时可以孕育出无形神奇的力量。

2. 不要墨守成规，前辈的经验很重要，但毋须完全效仿，当你的长辈、上司责备你出格、不听话，自有其道理。然而，事情没有绝对的，有时你不听话反而是对的。

3. 别人责怪你不听话，不必感到失落，也无须意气消沉，总会有人喜欢你的，就算大多数人现在不明白你的苦衷，如果你不听话确实有理由，他们后来也会喜欢上你的。

4. 有时标新立异也是一种突破，尤其对科学家来说，听话是祸端，

他们必须随时创新，必须要发现新的未知。

5. 别人对你的不解只是一时的，若你不听话却很优秀，别人照样会视你为榜样，对你喜爱有加。

6. 人人都希望让别人喜欢，你不听话别人不喜欢你很正常，现在的年轻人不听话似乎成了时髦，但不要为了追逐时髦而不听话，不听话要有正当的理由。

第九章

让别人喜欢你，化戾气为祥和

人们常说："没有永远的朋友，也没有永远的敌人。"的确如此，朋友和敌人可以相互转化。原谅你的敌人，他可能成为你的朋友甚至今生最重要的人。

忘掉过去的不快

【话题切入】

有些人的记忆力特别好，一些鸡毛蒜皮的小事或者多年前的恩怨都记得一清二楚。一个人若凡事都斤斤计较，对一些无关重要的事总是耿耿于怀，一定难成大器。不仅如此，由于终日想着不愉快的事，还落得一身疾病。聪明人懂得该记的记，该忘的忘，因而总是精力充沛，胸怀坦荡，事业有成，身心健康。

【成功案例】

著名哲学家周国平写过一个寓言：

有一位少妇忍受不住人生苦难，遂选择投河自尽。悄悄此时，一位老艄公划船经过，二话不说便将她救上了船。

艄公不解地问道："你年纪轻轻，正是人生当年时，又生得花容月貌，为何偏要如此轻贱自己、要寻短见？"

少妇哭诉道："我结婚至今才两年时间，丈夫就有了外遇，并最终遗弃了我。前不久，一直与我相依为命的孩子又身患重病，最终不治而亡。老天待我如此不公，让我失去了一切，你说，现在我活着还有什么意思？"

艄公又问道："那么，两年以前你又是怎么过的？"

少妇回答："那时候自由自在，无忧无虑，根本没有生活的苦恼。"她回忆起两年前的生活，嘴角不禁露出了一抹微笑。

"那时候你有丈夫和孩子吗？"艄公继续问道。

"当然没有。"

"那么，你不过是被命运之船送回了两年前，现在你又自由自在，无忧无虑了。请上岸吧！"

少妇听了艄公的话，心中顿时敞亮许多，于是告别艄公，回到岸上，看着艄公摇船而去，仿佛如做了个梦一般。从此，她再也没有产生过轻生的念头。

【专家剖析】

无论是快乐亦或是痛苦，过去的终归要过去，强行将自己困在回忆之中，只会让你倍感痛苦！无论明天会怎样，未来终会到来，若想明天活得更好，你就必须以积极的心态去迎接它！你要认识到，即便曾经一败涂地，也不过是被生活送回到了原点而已。

【温馨提示】

1. 在痛苦面前，遗忘表示解脱；在不愉快和伤害面前，遗忘则意味着宽慰。学会遗忘，是人生境界的升华。

2. 如果把成败得失、功名利禄、恩恩怨怨、是是非非等都牢记在心，让伤心事、烦恼事、无聊事萦绕于脑际，在心中烙下永不褪色的印记，等于背上了沉重的心理负担，这种心理负担对人来说无异于是无形的枷锁。但如果我们善于遗忘，把那些不该记忆的东西统统忘掉，那就会给我们带来心境的愉快和精神上的放松。

3. 遗忘是一种能力，不是随便下决心就能办到的。要学会遗忘，就要加强对自己心理素质的修炼与培养。要做到胸怀天下，心想大事，破除私心杂念，淡泊名利，宁静致远，树立正确的人生观和价值观。此外，还要经常进行自我心理调节，想大一点，想远一点，想开一点，从名利得失、个人恩怨中解脱出来，对已经过去的无关紧要的事，要糊涂一点、淡化一点、宽容一点，及时将这些东西从大脑仓库中清除出去，不让它们在记忆中占有一席之地。一个人学会了遗忘，能放下过去那些沉重的包袱，轻装上阵，就能精力充沛地面对现在，信心百倍地迎接未来，就能开拓新境界，创造生命的靓丽风景线。

4. 过去不愉快的事情长时间在心内淤积，不仅会给自己带来危害，喜欢你、关心你的人也会彼此受到伤害。如果是你喜欢的人也因此快快不乐，你于心何忍？

5. 生活好像是公式般的无奈、无聊、彷徨或漫无目的，忘掉过去的不快，睁开眼来还是新的一天，只要重新开始，生活永远是美好的。

6. 整日追忆或缅怀往事的人，容易闷闷不乐，不会有人喜欢。如果你想让大家刮目相看，就不要总是沉湎往日伤痛，勇敢挑战自我，成为一个了不起的人。过去的已成过去，将来才是我们要迎接的，过去是今天的铺垫，今天的所作所为是明天的准备，过去不快乐不一定明天也不快乐，往往，过去有多么不愉快未来相对地令人快乐，关键看你的心态。

耐心可以化解冲突

【话题切入】

给你一杯咖啡，你会怎么品尝呢？是一下子喝光，还是一口一口慢慢喝？一下子喝光的人，无法品尝其滋味；慢慢喝的人，才能品出其中真味道。

同样地，做事不要只有三分钟热度，要静下心来，要有耐心，遇到不开心的事也会迎刃而解。

第九章　让别人喜欢你，化戾气为祥和

【成功案例】

咖啡馆里，一对情侣发生口角，互不相让，最后男孩愤怒离去，留下女友独自垂泪。女孩不停搅动面前的柠檬茶，杯中的新鲜柠檬片已被她捣烂，柠檬茶也泛起了苦涩的味道。

女孩叫来服务生，要求更换一杯去皮的柠檬茶。服务生将女孩的一切都看在眼里，他没有说话，重新拿来一杯柠檬茶，但茶里的柠檬仍然带皮。女孩见状，更加恼火，她又叫来服务生，想将满腔的愤怒倾倒在服务生身上。她愤怒地说："我跟你说过了，我要去皮的柠檬茶，难道你没听到吗？"服务生静静地看着女孩，依然没有说话。当女孩发完牢骚，他有礼貌地对女孩说："小姐，请不要急，你可能不知道，带皮的柠檬经过浸泡苦味才会溶解在茶水中，形成清爽甘冽的味道，这种味道刚好是你现在所需要的。所以请你耐心等候，急于求成办不好事，包括品茶。如果你想在三分钟内就把柠檬的香味全部挤压出来，只会把茶搅拌得更混浊，让事情更糟糕。"

女孩站在那里，有一种被触动的感觉。她抬起头看着站在眼前的服务生，心平气和地问："那么，要等多久才能把柠檬的香味发挥到极致呢？"服务生说："一个小时以后，柠檬的精华就会全部释放出来，融入茶中，那时你就可以品尝到一杯美味的柠檬茶，只要你耐心等待。"服务生顿了顿，继续说："其实，生活中的琐事和泡茶一样，只要你肯付出久一点的忍耐和等待，你会发现，有些令人烦恼的事情并不像你想象的糟糕。"女孩对服务生说的话不甚理解。服务生看出了女孩的心思，微笑着解释说："我是想教你泡出一杯味道很棒的柠檬茶，顺便和你讨论一下做人的道理。"

女孩回家后，按照服务生说的泡了一杯柠檬茶。她把带皮的柠檬切成小圆薄片，放进茶里，然后静静地观察柠檬片的变化。随着时间的流

逝，女孩发现柠檬片开始慢慢地张开，柠檬皮的表层凝结许多晶莹细密的水珠，她品尝到了有生以来最绝妙、最棒的柠檬茶。

女孩知道了，由于柠檬长时间浸泡在茶中，柠檬的精华随时间深入茶中，才会产生令人难忘的味道。做人如同泡茶，只要有耐心，一切矛盾都可以化解。正当女孩深思时，门铃响了。女孩跑去开门，只见男友手捧一大束娇艳欲滴的玫瑰站在门口，温柔地说："可以再给我一次机会吗？"女孩用澄澈的眼神望着男友，一会儿把他拉进屋里，在男友面前放一杯她亲手泡的柠檬茶。男友端起杯子就要喝，被女孩阻止了，男友不解地望着女孩，女孩神秘地告诉他，一个小时后才可以喝。男孩困惑地问："为什么非要等那么久呢？"女孩说："我们都太过急躁了，遇事无法冷静，习惯用冲动来解决问题。我们做个约定，以后不管遇到什么烦恼，都不可以发脾气，不要让急躁的情绪钻空子。"男孩赞同地点了点头。

【专家剖析】

男孩和女孩终于尽释前嫌，耐心让他们化解了冲突。许多时候，急躁会引出一些麻烦，我们急于事成却欲速则不达。发生冲突时，不要企图马上得到解决，在心烦意乱时，要耐住性子，不要冲动，冷静下来，会有不一样的结果。

【温馨提示】

1. 遇到问题时不要急躁，静下心来耐心思索片刻。要是你急性子，可能会造成无法挽回的局面，当你慢慢品味到其中的滋味，就会发现，原来你与他人之间的隔阂已经化解。记住，世上不卖后悔药，我们应理智有耐心地面对一切。

2. 你应该知道什么事情该做，什么事情不该做，对你喜欢且是该做的事情，要有耐心地去完成。

3. 培养兴趣，即使没有耐心，只要有兴趣，就会做好它。

4. 订下目标，不达目标绝不罢休。

5. 多看有教育性的相关影片。

6. 人们不喜欢半途而废、没有耐心的人，除非你具有特殊的魅力或吸引力。

倾听别人的牢骚

【话题切入】

人们大多喜欢发牢骚却不愿意听取别人的牢骚。如果不想听别人的牢骚，别人对我们的不满就会日渐恶化，可能影响双方的生活。善于倾听他人的牢骚，让他人有可以倾诉的平台，当他从烦心事中走出来，他会感激你，和你亲密无间。

【成功案例】

格林和黛丝是同事。黛丝经常抱怨丈夫如何不喜欢她、家务事如何繁重、孩子如何不听话，等等，格林都很有耐心地听着。等黛丝说完，格林问她："就这些，没有了吗？"

黛丝如释重负，摇摇头。格林说："那你觉得你该怎么办呢？"黛丝一副无奈的样子，看着格林。格林说："生活中的烦心事不只这些，你把所有的都说出来吧。"

黛丝很无奈，格林笑了："既然这样，黛丝，我把你的每一句话都录了下来，你看看将来是否应验。"

黛丝回到家里，认真地听格林给她的录音带，她的丈夫、孩子也听到了，他们都觉得很对不起黛丝。在黛丝还没有向他们坦言之前，他们就改变了对黛丝的态度，让黛丝觉得轻松了许多。

黛丝问丈夫为什么改变，丈夫说是录音带的关系。丈夫每每觉得对不起妻子时都会听一遍，决心对她更好。黛丝笑了。

丈夫说："那么，你为什么不让我听到你的牢骚呢？你有什么不满，尽管说出来，我会认真听。我以前认为你只是逆来顺受，所以，对你很不好。现在明白了，你也渴望做一个被爱的妻子。"

"我对你不满，你还会爱我吗？"黛丝问。

"当然会！你以前半天都不说一句话，谁知道你心里在想什么？现在你说出来我知道了，我明白你的想法，才会了解你的苦衷。"

果然，之后丈夫对黛丝的态度完全改变了，儿子也比以前乖了许多。

【专家剖析】

要是格林、黛丝的丈夫没有倾听黛丝的不满，黛丝可能始终在埋怨，她的丈夫和儿子可能始终像以前一样，黛丝的生活仍然索然无味。幸好他们倾听了黛丝的牢骚，他们的生活从此焕然一新。所以，想做受人喜爱的人，要学会倾听别人的牢骚，哪怕你从来不曾注意过对方，如果对方表示了对你的不满，他就有不喜欢你的理由。他不喜欢你，对你发牢骚，你要当个智者，认真地倾听，等他发完牢骚再去理他，他从此不再说你的不好，对你的印象也会大大改观。

【温馨提示】

1. 大家都讨厌无休止说个没完的人，但如果你没有耐心听他说话，他可能会更抱怨你，你必须走入他的世界，倾听他对你的不满，然后加以解决，他才会对你释怀，进而改变对你的观点，就算以前他是多么的厌恶你，现在知道是误解了你，他会再喜欢你的。

2. 给别人机会让他侃侃而谈，不要让别人觉得他没有地位，让他当主角，你为辅，当他发泄完对你的不满后，他就没什么可说的了，他也就没有讨厌你的理由了。

3. 让他说，哪怕他说得无边无际，也不要打断他，你只管点头默认，他知道你错了，就算有千百个讨厌你的理由，他也不会再继续讨厌向他屈服的人。

4. 别人唠叨，你极力为他辩护，说他的好话，等他词穷时，他就会闭嘴，他觉得你不错，很可能就不会再讨厌你了。

5. 发牢骚是多方面的，他可能对某些人不满，你要说某些人的好话，也要替他圆场，这样既能赢得他的好感，又让他觉得你不自私，他没道理不喜欢你。

原谅你的敌人

【话题切入】

人们常说："没有永远的朋友，也没有永远的敌人。"的确如此，朋友和敌人可以相互转化。原谅你的敌人，他可能成为你的朋友、成为你今生最重要的人。

【成功案例】

依娜和鸿涛是商场上的死对头，他们经常拼得你死我活，都想让对方业绩滑跌甚至关门倒闭。他们一见面就瞪眼，怒火中烧，恨不得过去给对方一巴掌。依娜埋怨鸿涛，鸿涛抱怨依娜，双方互不相让，像一对冤家。

后来，依娜的公司真的倒闭了，鸿涛非常庆幸，心里暗自高兴。一段时日后，鸿涛在市场上遇到了依娜，依娜在那里卖菜。鸿涛见了很惊讶，问依娜怎么沦落到如此地步。虽然公司倒闭了，也不至于到街头卖菜，她可以东山再起。

"有你这个死对头，我不会再起来了。"依娜说。

后来，依娜在一家商场当售货员，刚好鸿涛是她的顾客。真是冤家路窄，依娜想了想，最后还是决定给鸿涛送货去。

看着风尘仆仆的依娜，鸿涛的心都软了。鸿涛要依娜放弃这个工作，因为她本来是经理，现在却落魄成这个样子！

依娜笑了，丝毫没有怨恨的意思，每天照样给鸿涛送货。时间久了，鸿涛发现，依娜并不是他想的那样热衷于功名利禄，实际上她为人诚恳、勤劳，有一颗乐于助人的心。考虑了许久，鸿涛决定帮助依娜的公司重新开业。

依娜笑着谢过鸿涛的好意，她已经不再需要公司了，她觉得她现在这样很好，而且她应该有个家了，因为她最近喜欢上了一个人。鸿涛觉得很奇怪，问依娜看上了谁，依娜故作害羞，很不好意思地躲开了。

从依娜的言辞与行为中，凭着第六感觉，鸿涛知道依娜喜欢上他了。而他恰巧还没有女友，都30岁的人了，家里的人早就急了。鸿涛想来想去，依娜果真不错，虽然他们曾经战得头破血流，虽然他们曾经势不两立。

鸿涛决定向依娜坦言爱意，这些日子以来，他喜欢上了依娜。在鸿涛还没开口之前，依娜先开口了，他们相互喜欢、欣赏。婚后，鸿涛、依娜十分恩爱，充满柔情蜜意。

第九章 让别人喜欢你，化戾气为祥和

【专家剖析】

依娜和鸿涛从对手变成爱人，由敌人到情人。这告诉我们，在敌人没有成为友人之前，常会与我们唱对台戏。有时，原谅你的敌人是必要的，因为，原谅了你的敌人，可能会有奇迹出现，他可能会成为你一生中最重要的朋友，也可能成为你的终身伴侣。

【温馨提示】

1. 两个人或两方出于各自的观点和立场不同，会成为敌人。无论曾经闹得多么僵的敌人最后都有可能转化为朋友。

2. 不对和你对立的人明枪暗箭，化干戈为玉帛，免得两虎相斗必有一伤，让他人坐收渔翁之利。

3. 在敌人没有成为敌人之前，他其实是你的友人。想想，人都有一定的立场或考虑，如果你能站在对方的立场，你们之间的恩怨、瓜葛，也会因此化解。

4. 诸葛亮七擒七纵孟获，最后孟获臣服蜀国。当别人让你觉得不尽如人意时，你大可不必咬牙切齿，给对方一个机会，当机会足够多时，他就会回头，你们之间的鸿沟也会因而消失殆尽。

5. 我们不会对敌人付出感情，但是对朋友我们也许付出了最真挚的感情。付出了，就希望得到回报，因此，原谅敌人远比原谅朋友容易。

原谅敌人，是风度和器量的表现。而我们对朋友往往很小气，认为原谅他就是纵容他，就自认是傻瓜。他知道太多关于我们的事，我们对他的要求是不同的，他对我们也应该有别于其他人，所以朋友对我们不好时，是很难原谅的。下一次，当你无法原谅朋友时，不要自责，这是人性。

6. 给敌人悔过自新的机会吧。你会发现，他并不是你想的那么令人讨厌，你原谅了他，他受了你的恩德，如果有良心，他不会感恩吗？很多时候，在你最困难的时刻，帮助你的往往不是你最初的朋友，而是在某一阶段你对他们释怀的敌人。

不要总是责怪他人

【话题切入】

人们大多喜欢挑人的毛病，道人的是非，这自然会引起别人不高兴。如果能将消极的责怪变为积极的督促，结果就会大不同。

【成功案例】

哲瀚是班上的头号人物。他是班长，要求所有同学都要听他的，他一不高兴就指着某些人发脾气，责备他们。同学都对哲瀚很不满，想换掉他。同学之间本来应该和谐相处，哲瀚却弄得自己跟老大似的，好像同学听他的指示是理所当然。哲瀚知道了同学们对他反感，很是恼火，把同学们责骂了一顿。同学们受不了，找哲瀚理论。哲瀚说："有什么大惊小怪的，不就是说了你们几句吗？"

同学们受不了哲瀚，将他告到了辅导员那里。辅导员叫来哲瀚，哲瀚仍一副盛气凌人的样子。辅导员问他为什么这样做，哲瀚说，当班长就要严厉些，不给同学一些颜色看，管不好他们。

辅导员沉默了一会儿，问哲瀚，你是想惹同学们讨厌，还是希望同学们喜欢你。哲瀚说，当然是希望同学们喜欢他。

"可是目前，同学们都对你很反感，你知不知道这是你自己造成

第九章 让别人喜欢你，化戾气为祥和

的呢？"

哲瀚沉默了，觉得辅导员说得对。离开办公室后，哲瀚去找一些常被他责怪的同学，问他们是否埋怨他。同学敢怒不敢言，哲瀚让他们大胆地说出来，他们都表示对班长极不满。哲瀚陷入了沉思，他一直想做一个好班长，原以为强势、专横可以管理好班级，看来他还是错了。

以后的日子里，哲瀚很少责怪同学们，而是经常鼓励、督促他们，同学们进步很快，同学之间关系十分融洽。

毕业时，他们获得"最佳优秀班级"的荣誉称号，而且他们班是全校最突出、最让人羡慕的班。

【专家剖析】

开始是哲瀚责怪同学，同学埋怨哲瀚，要是哲瀚一如既往，他们班不会获得"最佳优秀班级"的荣誉称号。责怪他人固然会有一定的效果，但是，人人都不希望时时被责怪。如果经常听到怨言，就会活在消极中，能进步、能感受温暖吗？如果变消极的责骂为积极的督促，就会越来越好。

【温馨提示】

1. 如果你习惯责怪他人，请闭上你的嘴巴。你没看到，被你责怪的人是以怎样的眼神看你。你不是想赢得他的喜爱吗？现在你在他心中成了反派形象，可能赢得喜爱吗？

2. 激励别人，让别人感受到你的好意。如果你本来的出发点是好的，却由于态度蛮横、强硬而让别人接受不了，那么你只会引起别人的反感，最后受损失的还是你自己。

3. 多看到他人的长处，多赞扬他人，批评能起到的效用往往有限，那就以赞扬督促他上进吧。

4. 不要让人觉得你高高在上，别人受你管辖是应该的，其实，别人早已对你产生厌恶心理，轻则和你冷战，重则使你受到更深的伤害。

5. 人人各有特长，别人不是傻子，不要把自己想得多高尚，将别人都踩在你脚下，站在别人的肩上颐指气使，最终别人会把你重重地摔下。

6. 如果你错怪了他人，就要知错认错。他人表面上可能对你嘻嘻笑笑，有时还会说些你爱听的话，但却打从心里讨厌你，因为没有人会喜欢一个习惯责怪别人的人。

以平和化解怒气

【话题切入】

当你与人发生针锋相对的冲突时会怎么做？是以怒制怒，大打出手，还是静下心来，以平和的态度解决问题？要是前者，只会使问题恶化，产生不必要的麻烦和纠葛；如果是后者，则会使矛盾得到缓和，大事化小、小事化无。

【成功案例】

东汉时期，颍川郡太守寇恂办事周全，懂得以平和化解怒气。每次遇到尖锐的问题，他都能处理得恰到好处。

有一次，贾复从京城洛阳去汝南郡，他手下的一个亲信倚仗主人的势力，为非作歹，在颍川郡杀了人。寇恂派人将此人抓来，严加审问后在大街上砍头示众。贾复知道这件事后，认为寇恂故意驳他的面子，气得大骂："欺人太甚了，打狗还得看主人，寇恂这小子，我绝饶不

第九章　让别人喜欢你，化戾气为祥和

了他！"

后来，当贾复办完事要到颍川郡时，他说："我见到寇恂，一定要教训他。"寇恂知道贾复内心不平，气还没有消，一定会找他麻烦，于是决定避开这个锋芒，以减少麻烦。手下一个官员对他说："难道您怕贾复吗？如果是这样，我带着剑跟在您身边，他要是对您不利，我就对他不客气！"寇恂听后笑了笑，语重心长地说："你知道蔺相如有勇有谋，即使是秦王都怕他，但当廉颇要与他一争高下时，他选择让着廉颇。他能做到，我寇恂难道做不到吗？"

贾复是京城来的大官，他从颍川郡路过，如果太守避不见面就没道理。寇恂想了想，不能以硬碰硬，针锋相对，他决定用平和的态度来化解贾复的怒气。于是，他吩咐手下人准备丰盛的酒饭，用来招待安慰贾复和他的随从等一班人马。当贾复的队伍进入颍川郡，官员按照寇恂的安排，热情地献上好酒好饭。

贾复一行人酒足饭饱时，寇恂突然赶来，表示欢迎，简单的寒暄后，他对贾复推说不舒服，便匆忙离开。看着寇恂远去的背影，贾复的情绪变化很大，他本想发怒，以解心头不快，但吃了人家的酒菜，受到热情的招待，实在没有理由再大发雷霆，只有将心中的不满吞进肚里去。

【专家剖析】

寇恂的聪明之处就在于，他懂得不以怒制怒，选择以平和的态度待人，避免针锋相对和事端。我们知道，平和待人的人，他脚下的路有千万条。面对别人的锋芒，他们能够以和相待，可以软化对方的锋芒，化解干戈，获得他人的尊重。反之，处处锋芒毕露的人，因为他们从不让步，总是咄咄逼人，不懂得用平和的态度来解决问题，只能走独木桥。这样的人很难在社会上立足。

【温馨提示】

1. 当与别人发生激烈冲突时，应当平和以对，而不是愤而疾之、针锋相对。两块顽石相撞，只会头破血流。

2. 面对别人的尖锐批评与打击，如果愤怒回应，势必会遭人嫉恨。而要是能以柔和的方式来处理问题，则会大事化小、小事化无。

3. 人们不喜欢脾气火暴的人，不喜欢得理不饶人的人，如果你温和点，别人会认为你亲切，更容易和你接近。

4. 人与人相处难免会发生摩擦，这时不要轻易动怒。如果别人有修养，也会互相谦让，化干戈为玉帛；要是别人得理不饶人，你也不要动不动就拳头相加。武力解决不了问题，只有彼此坦诚、让步才可能重新和好。

5. 少生气，就算遇到忍无可忍的事情也要保持平和，静下心来找到解决的方法，不要盲目行事，以免后果不可收拾。

6. 人们喜欢外柔内刚的人，如果表现太强硬，人们可能会怕你，不会真正地喜欢你，甚至可能在你背后搞鬼，在你不留神时绊你一脚。

竞争是一种趋势

【话题切入】

物竞天择，适者生存。没有竞争力的人容易被淘汰，有竞争力的人明白竞争是社会发展的必然趋势，才能品尝竞争后成功的喜悦。

竞争在我们身边无时无处不存在。拉瑞埃里森因为从竞争中把握了机遇，最终成就其成功企业家之梦。

第九章　让别人喜欢你，化戾气为祥和

【成功案例】

甲骨文公司董事长拉瑞埃里森是俄罗斯移民的犹太裔美国人，1944年出生在曼哈顿，曾经历过三次婚姻。他读过三所大学：伊利诺斯大学、芝加哥大学、西北大学，后来又辍学。他的人生目标是：击败微软，让甲骨文公司成为世界最大的软件企业。他宣言："我成功并不重要，重要的是其他人都失败了，那时我才是真正的成功。"他可以说是世界上最疯狂的企业家。

埃里森是典型的技术狂人，喜欢与人竞争，并从竞争中获得他人的敬爱。关于埃里森，在硅谷曾流传一个笑话：上帝和拉瑞埃里森有什么区别？上帝不认为自己是拉瑞埃里森。埃里森被多数人公认的形象是对竞争对手毫不留情，他的财产一度与比尔盖茨相抗衡。

埃里森在32岁前还一事无成，先后读了三所大学，都没有得到学位。退学后前后换了十几家公司，妻子也离他而去。他刚创业时身上只有1200美元，自那以后逐渐走上了堪称"疯狂"的成功之路。在他的带领下，公司连续12年销售额每年都有好成绩，很快成了世界上第二大软件公司。

埃里森的成长之路很简单，即在竞争中取胜。至于如何取胜，如何成功，如何达到目标，那都是第二位。埃里森的好胜天性，使他在现实中展现出来的永远都是咄咄逼人的气势。

拉瑞埃里森和比尔盖茨是两种完全不同类型的人。埃里森精力充沛，员工形容他"脑中的点子永远比别人至少快18个月"。埃里森喜欢航海，曾经像驾驭爱艇"Sayonara"号般来带领他的公司，充满强烈的战斗意志。

埃里森为自己极具挑战性的个性感到自豪，他拥有一架拆除武器的意大利产"马尔切蒂S.211"型战斗机。他想再买一架不带武器装备的俄罗斯生产的"米格-29"型战斗机,但未获批准。他拥有一架价值3800万美元的"湾流V"型喷气机,但他嫌湾流太过于自动化而不常开。他有一支豪华昂贵的车队,车型有劳斯莱斯、宾利和奔驰等。埃里森在日本订造了一所价值4000万美元的豪宅,在旧金山南部有一座占地23英亩的庄园。

"有了那么多钱,有那么多事情可做,干吗还要继续执掌公司呢?"面对外界的疑问,埃里森回答:"因为公司正在参加的这场比赛更刺激、规模更大,能让人更具上进心,更激励人心。"

显然,埃里森是精力充沛、喜欢竞争的强势人物,他生活中所有崇拜他的人都源于他竞争所取得的胜利。

【专家剖析】

埃里森热衷于竞争,才能取得如此巨大的人生成就,才能与微软公司的头号人物比尔盖兹相抗衡。我们的生活中,同样充满竞争,不善于竞争,不仅无法体会到成功后的喜悦,而且会在激烈的竞争中被淘汰;只有善于竞争,才能获得成功并赢得别人的尊重。

【温馨提示】

1. 没有谁会同情可怜者,弱者的眼泪是没有价值的。只有你成为卓越的人,成为生活的赢家,才能赢得别人的尊敬。

2. 竞争的手段要正当,要合乎常理。

3. 要有冒险精神,敢为天下先,第一个尝试的人往往是最大的成功者。

4. 要有开拓和进取精神,屡败屡试、不断改进,才能获得非凡的成就。

5. 相信竞争,有竞争才有发展余地。人类社会要进步就必须要有竞争，在竞争中，有实力的被保存下来，落后的被淘汰。

6. 得过且过、毫无激情的人往往不会有人同情或喜欢。

让他人接受你的请求

【话题切入】

生活中我们难免遇到问题需要别人帮助。然而除了家人之外，别人并没有义务帮助你。如果你想让别人帮你，就要给出你的理由。你应该站在对方的立场，考虑你所做的事情能给对方带来什么好处、对方如果觉得确实能从中得到好处，才会主动接受你的请求，并帮助你。

【成功案例】

徐宝国要做一笔买卖，由于资金不够，需要跟叔叔借钱。徐宝国知道，叔叔很吝啬，一定不会接受他的要求，况且这是一笔数目不小的金钱，万一叔叔拒绝了，他就很难再找到资金。

考虑好一切后，徐宝国去找叔叔，他不说自己缺钱，而是说有笔生意可以帮助叔叔赚一大笔。叔叔听了很感兴趣，让徐宝国侃侃道来。谈到最后，徐宝国停了下来，一副很无奈的样子，叔叔问他怎么了，徐宝国说，缺少一笔资金，要是谁能借他，那个人一定发了。

叔叔仔细考虑了徐宝国的话，觉得投资不错，便答应出手。徐宝国成功了。

【专家剖析】

徐宝国成功地让叔叔接受了他的请求，秘诀在于徐宝国从叔叔的角度出发，说明能给叔叔带来什么好处，使叔叔慷慨解囊。因此，你如果要寻求他人的帮助，一定要说明你所做的事情能给他人带来什么好处，否则他人轻则不赞成，重则下逐客令。

【温馨提示】

1. 寻求别人的帮助要说明对别人的好处，要是让别人觉得没有价值，别人通常不会乐意接受。

2. 话要真诚，不可骗取他人，失去了诚信，别人就不会再信任你，甚至你以后有任何要求都会遭到全盘否定。

3. 凡事为人着想，人都有自利心态，一旦某件事情给他带来了可喜的效果，不用你开口，他都会主动要求帮助。

4. 就算别人不帮助你，也不要和别人过不去，有时你也可以自己完成。等你把事情做漂亮了，别人看在眼里可能会后悔。而万一事情搞砸了，别人反倒落得庆幸。所以，还是把事情做到最好，就算别人这一次没帮助你，下次你提出请求可能就会帮助你了。

5. 如果没有人想帮助你，故意做着让他看，你要做的那件事情是多么有意义，对他多么有利，他看在眼里，如果你不主动去请求，他也会帮助你的。当然，我们不必太去请求别人，别人如果不帮助你，就只有靠自己了。

6. 寻求别人的帮助，一开始别人会很难喜欢你（除非事情正当，不损害他人），如果让别人察觉了你的不良企图，甭说接受你的请求，别人会很名正言顺地拒绝。当然，如果事情有积极意义，别人知道能获得很好的效果，应该会主动"请缨"，让你事半功倍。

乖乖仔与女强人的PK

【话题切入】

许多现代女性走出家门，在职场、商场都可以见到她们的身影。她们有的泼辣如熙凤，有的精明如探春，有的温厚如宝钗，有的敏感如黛玉，其中不乏成功者。而男性却在家里成"煮夫"或宅男，这种现象让人深思。

【成功案例】

小美与磊磊是大学同学，小美性格火暴、刚烈，磊磊却生得斯文、俊秀。毕业后有各自的发展。

4年后的大学同学聚会上，小美与磊磊碰面了，一个是公司经理，一个是科协签约作者。小美活跃于各种社交场合，口才流利，笑语盈盈。磊磊则少言寡语，见到人还有点怯生，他虽然口笨，但才思敏捷，有社会经验超过他十年的人都不及他。

同学在一起欢笑，一起庆祝，谈论谁是最成功者，大家把焦点指向了小美和磊磊。小美和磊磊到底谁较成功？大家议论纷纷，七嘴八舌。

小美终于忍不住了，她说，大家都一样优秀，磊磊是最成功的，因为他著作颇丰，她只是一个像爱管闲事的王熙凤罢了。有同学不这么认为，说小美带领公司，和国外有合作，一人之下，万人之上，可以和武则天相提并论。小美听了一笑，她觉得没有什么好比的，乖乖仔和女强人都有其优势，不需要比较，同样都非常出色。

磊磊默不做声，看着同学你一言我一语，心底却认为小美最优秀，她在这种场合很健谈，而自己却只能像哑巴一样，在一边喝闷酒。

　　小美看到了困惑中的磊磊，凑过来和他说话。磊磊说他羡慕小美，小美是最优秀的。小美说，她羡慕磊磊，磊磊是最优秀的。两人都笑了，最后终究没有结论，到底女强人和乖乖仔哪个优秀呢？大家在散席后还在议论纷纷。

　　又过了若干年，他们在不同的领域都做出了成就。女强人和乖乖仔都有其优点，都成为众人喜爱的对象。

【专家剖析】

　　社会上有些现象不可捉摸，不是男人就一定要上战场，女人就一定生来要持家。传统认为，男人要威猛、雄壮，对付外界的压力；女人要体贴、温存，在家里照顾孩子。随着社会的变化，一切都在改变中。每个人都是不同的，都要从不同的侧面予以认同，乖乖仔、女强人同样是时代的精英。

【温馨提示】

　　1. 男人不一定要威猛阳刚，女人不一定要细致内秀，只要他们能做出成绩，我们就没有理由去否定他们。

　　2. 乖乖仔、女强人的出现是正常现象。随着社会在发展，新的在萌芽，旧的就要被淘汰。

　　3. 乖乖仔有乖乖仔的可爱之处，他们或积极进取或活泼可爱或慢条斯理，女强人有女强人的难得之处，她们或风趣幽默或快言快语或热心助人。乖乖仔和女强人同样优秀，同样招人喜爱。

　　4. 随着社会的发展、变化，一些新生事物不断涌现，我们不能因循守旧，要善于变通。没有人喜欢思想古板、固执的人。

5. 如果你是乖乖仔，就不必做大力士；如果你是女强人，就不必做淑女。你有你的特质，同样可以赢得别人的喜爱，只要不自卑，不随波逐流，你还是很优秀的。

6. 社会需要新事物的出现，面对这些琳琅满目的新事物，要学会去接受，一切都在发展与变化中，新的要发展，旧的就会被淘汰，到了某一天，不管你是乖乖仔或是女强人，同样拥有众多人的喜爱，各有可取之处。

他人满意是给你最好的回馈

【话题切入】

你知道如何让自己更具价值吗？你做出的东西让别人满意，你的产出才有价值。每个人都希望得到别人的认同，而想赢得别人的尊重，就应该为社会产出价值。如果你的产出不能让人满意，也就很难得到他人的认同。

【成功案例】

陈思思的工作是编辑，有3个月的试用期。陈思思写稿速度快，但一到老板那里，老板都摇头不满意。刚开始，陈思思会依老板的意见修改，几次后，陈思思对老板的意见感到厌烦了，她认为修改后的文章不及最初的。陈思思对老板说了自己的看法，老板沉默了一阵，说她经验还不丰富，不能意气用事，应该接受别人的意见。陈思思回头虽然不愿，但还得听从老板，一改再改。

改到第五次，老板终于满意了。陈思思回头再看她每次修改的痕迹，发现确实一直在进步。后来，陈思思离开公司，到另一家出版社上班，她出众的文笔连社长都吃惊。社长质疑陈思思的奇才，陈思思说，我做出来的成绩是让人满意，他人满意了我做出的工作，我的工作才算成功。别人的满意是给你最好的信任，是对你最好的回馈。

秉持着时刻让人满意的信念，陈思思一再被提升，后来出版了长篇畅销小说和许多著名的作品。陈思思很成功，她的作品让人满意，从一个不知名的图书编辑到畅销书作家，书籍远销海外，在国内外享有一定的名声。

【专家剖析】

陈思思之所以能从菜鸟编辑到畅销书作家，就在于她写稿时力求让老板满意，并从中发现自己写作的不足，继而弥补缺失，最后获得提升。我们做出来的东西必须要有市场价值，由别人的喜爱来决定其优劣。

要让别人承认你的价值，别人喜欢你不是没有原因，你的作品别人看了满意，而且如果得到更多人的认同，它就是成功的作品；如果只考虑到自己，只凭自己主观的意向，会很难得到别人的认同，很难有下一步的发展。

【温馨提示】

1. 只考虑到自己的感觉，认为自己所有的一切都是最优秀的，势必会把自己孤立起来。人生在世求一个好结果，只顾自己不去满足别人，可能会遭人唾弃，甚至受众人捶之。

2. 让别人满意并不是一味地奉承，成功人士都知道把最完美的自己展现给别人，哪怕一篇文章、一次宴会，给别人最大的满意，是成功的奠基石，是起点也是升华不可或缺的制胜密码。

3. 你的作品本来已很优秀，还是会有人不满意，即使是《红楼梦》这样的经典巨著照样有人不喜欢。如果你的作品确实很优秀而别人又否决的话，你不必刻意去取悦他，会有真正懂得欣赏你的读者的。

4. 别人对你的作品不满意自有其道理，你最好听听他们的意见，但采纳与否在你自己。如果你们之间实在没有合作的可能，而且你认为你的作品本来很优秀，那就不必去估计他的感受，找另一个行家，让你的作品发扬出去。

5. 能做到让人满意已经很不错了，如果你时常让人觉得扫兴，不要丧失信心，琢磨其爱好与其希望你达到的，当你对他熟悉了，你的东西他才会喜欢，继而喜欢你，和你的关系更融洽。

6. 即便目前别人对你满意了，也不要因此而止步不前。

防人之心不可无

【话题切入】

"狼和小羊"的童话故事中，小羊不知对老狼设防，最后被老狼吃掉了。可见，虽然害人之心不可有，但防人之心亦不可无，这也是保护自己的方法。

【成功案例】

很久以前，有一只年迈的老虎，它已经老到无法觅食。为了解决食物问题，它想出一个办法。

老虎装病躺在山洞里，故意发出痛苦的呻吟声。路过的百兽听见了都很同情它，纷纷前来探望，老虎乘机把它们一只一只地吃掉。就这样，森林里的许多动物都失踪了，但谁也不知道发生了什么事。

小松鼠发现了老虎的秘密，于是，它来到老虎的洞口，远远地站着，问老虎的身体状况。老虎说："我快不行了。亲爱的，我好孤独、好可怜！你能进来陪我聊天吗？"

小松鼠知道老虎心怀鬼胎，便说："不好意思，我很害怕，因为我看见这里有许多足迹，但只有进去的，却没有出来的。"说完，就走了。

【专家剖析】

俗话说："害人之心不可有，防人之心不可无。"小松鼠要是真的进入山洞，肯定会被老虎吃掉，幸好它已得知老虎的诡计，才得以保全性命。世界上有好人，也有坏人，无论如何都要保留一分防人之心，不可轻信他人，否则容易受到伤害。

【温馨提示】

1. 即使我们没有害人之心，也要提防被人所害，而提高警觉可以避免受伤。我们要学会从他人的经验中吸取教训，避免同样的悲剧发生在自己身上，不可贪图一时之便而让自己进退两难。

2. 不能别人说什么就信什么，没有自己的想法，容易吃亏。但也不可以随便怀疑他人，非亲眼所见不轻易下结论；纵使亲眼见到，也要懂得思考判断。

3. 当你坦诚待人时，人们可能会利用你的弱点或特权，以成其事；

第九章　让别人喜欢你，化戾气为祥和

当你悲伤时，有人表面装作与你友善，背地里却伤害你。所以，感情用事要不得，要有防人之心。

4. 看事物不能光看表面，有时你热心帮助他人，他人却用心险恶对你。小人经常以热心助人的面貌出现在我们身边，他们善于花言巧语，甚至给你看似好心的好处，实际却会让你上当。

5. 做善人没错，但要多存留一个心眼，以免让坏人得逞。

6. 不要轻易相信任何人，有人表面上说多么喜欢你、在乎你，但人心难测，到后来喜欢可能变成了背叛，受伤的只有自己了。